Édition bilingue a
POLONAIS-FRAN

Pour écouter la lecture de ce livre
dans sa version originale polonaise, ou en français,
flashez le code en début de chapitre
avec votre téléphone portable

Roman
Littérature polonaise

Titre original :

BARTEK ZWYCIĘZCA

Traduction française :

Pierre Luguet,1901

Lecture en polonais :

Jacek Rozenek

ISBN : 979-10-95428-41-1

HENRYK SIENKIEWICZ

BARTEK
VAINQUEUR

1

Bohater mój nazywał się Bartek Słowik, ale ponieważ miał zwyczaj wytrzeszczać oczy, gdy do niego mówiono, przeto sąsiedzi nazywali go: Bartek Wyłupiasty. Ze słowikiem istotnie mało miał wspólnego, natomiast jego przymioty umysłowe i prawdziwie homeryczna naiwność zjednały mu także przezwisko: Głupi Bartek. To ostatnie było najpopularniejsze i zapewne samo jedno tylko przejdzie do historyi, chociaż Bartek nosił jeszcze czwarte, urzędowe. Ponieważ wyrazy: człowiek i słowik nie przedstawiają dla ucha niemieckiego żadnej różnicy, a Niemcy lubią w imię cywilizacyi przekładać barbarzyńskie słowiańskie nazwy na bardziej kulturny język, przeto w swoim czasie przy spisach wojskowych odbyła się następująca rozmowa:

— Jak się nazywasz? — pytał Bartka oficer.

— Słowik.

— *Szloik?... Ach! ja. Gut.*

I oficer napisał: „Mensch[1]".

---

1. (niem.) człowiek.

1

Mon héros était Bartek Slovik[1], mais comme il avait l'habitude de regarder fixement les gens qui lui parlaient, ses voisins l'appelaient Bartek le Fixeur. En vérité, il n'avait que peu de chose de commun avec un rossignol; tout au contraire, ses qualités mentales et sa simplicité réellement homérique lui auraient valu le surnom de Bartek le Stupide. Et c'est en effet sous ce nom qu'il était le plus populaire, et c'est celui-là qui passera sans doute à la postérité, bien que Bartek eût un quatrième et officiel nom. Et comme les mots polonais « Chlovyck »[2] et « Slovik » ne présentent pas de différences pour les oreilles des Allemands, comme d'autre part les Allemands aiment à traduire dans leur langage, qu'ils croient civilisé, ce qu'ils trouvent de barbare dans le langage des autres, la conversation suivante eut lieu quand on confectionna les listes de conscription pour l'armée.

— Comment t'appelles-tu ? demanda l'officier à Bartek.

— Slovik

— *Shloik ! Ach ! ya ! gut !*

Et l'officier écrivit « Mensch », qui signifie *homme,* en allemand.

---

1. *Slovik* signifie en polonais : « Rossignol ».

2. « Homme » en polonais.

Bartek pochodził ze wsi Pognębina, której to nazwy wsi jest bardzo wiele w Księstwie Poznańskiem i innych ziemiach dawnej Rzeczypospolitej. Był on, nie licząc gruntu, chałupy i pary krów, właścicielem srokatego konia i żony Magdy. Dzięki takiemu zbiegowi okoliczności mógł sobie żyć spokojnie i zgodnie z mądrością, zawartą w wierszu: „Koń srokacz — żona Magda, Co ma Bóg dać — to i tak da". Jakoż życie jego układało się zupełnie jak Bóg dał, i dopiero gdy Bóg dał wojnę, Bartek zafrasował się niepomału. Przyszło zawiadomienie, że trzeba się było stawić, trzeba było porzucić chałupę, grunt i zdać wszystko na babską opiekę. Ludzie w Pognębinie byli wogóle dosyć biedni. Bartek zimą, bywało, chodził do fabryki i tem sobie w gospodarstwie pomagał — teraz zaś co? Kto wie, kiedy się wojna z Francuzem skończy?

Magda, gdy przeczytała kartkę powołującą, poczęła kląć:

— Ażeby ich nawidziło! żeby olśnęli... Chociażeś głupi... jednak mi cię żal; Francuzy też ci nie przepuszczą; głowę utną, albo co!...

Czuł Bartek, że kobieta sprawiedliwie mówi. Francuzów bał się jak ognia, a przytem i jemu było żal. Co jemu Francuzi zrobili? po co on tam pójdzie i dlaczego — na tę straszną obczyznę, gdzie niema jednej duszy życzliwej? Jak się w Pognębinie siedzi, to zdaje się, ot, ni tak ni owak, jak zwyczajnie w Pognębinie; a jak każą iść, dopiero się widzi, że wszelako tu lepiej, niż gdzieindziej. Ale już nic nie pomoże — taka dola, trzeba iść. Bartek uścisnął babę, potem dziesięcioletniego Franka, potem splunął, przeżegnał się i wyszedł z chałupy, a Magda za nim. Nie żegnali się zbyt czule. Ona i chłopak szlochali, on powtarzał: „No, cicho, no!" — i tak znaleźli się na drodze. Tu dopiero ujrzeli, że w całym Pognębinie działo się to samo, co u nich.

Bartek venait du village de Pognembin ; il existe beaucoup de villages de ce nom dans la principauté de Poznan, et dans d'autres contrées de l'ancienne République. En dehors de sa terre et de sa ferme, il possédait deux vaches, un cheval pie, et une femme qui s'appelait Magda. Grâce à un tel concours de circonstances, Bartek se trouvait heureux de vivre avec ce que le Ciel lui avait donné, et il aurait continué à s'en estimer heureux si un jour le ciel ne lui avait donné la guerre. Une note lui arriva, qui lui ordonnait de rejoindre le régiment ; il devait quitter la ferme et le pays, et tout laisser aux soins de sa femme. Les gens de Pognembin étaient en général assez pauvres. Bartek travaillait au moulin en hiver, et cela aidait a faire aller la maison, mais quoi, maintenant ? Qui sait quand finirait la guerre avec les Français ?

Quand Magda lut l'ordre d'appel, elle entra dans une fureur épouvantable :

— Qu'ils soient maudits !... Qu'ils soient maudits ! criait-elle. Tu es stupide, Bartek, mais je suis triste pour toi. Les Français ne te laisseront pas revenir ; ils te couperont la tête, ou quelque membre.

Bartek embrassa sa femme, son fils Franck qui était âgé de dix ans, puis il cracha, fit le signe de la croix et sortit de sa maisonnette, Magda derrière lui. Ils se quittèrent sans grande démonstration. La femme et l'enfant pleuraient. Bartek répétait : « Allons ! reste tranquille ! Allons ! reste tranquille ! » Et ils se trouvèrent sur la route. Alors, ils virent que tout Pognembin avait reçu la même visite.

Cała wieś wyległa: droga zapchana powołanymi. Idą oni do stacyi kolejowej, a baby, dzieci, starcy i psy odprowadzają ich. Powołanym ciężko na sercu; kilku tylko młodszym fajki wiszą z gęby; kilku już pijanych na początek: kilku śpiewa ochrypłymi głosami:

„Skrzyneckiego ręce i złote pierścieńce,
Już nie będą wymachiwać siablą na wojence!"

Jeden też i drugi Niemiec z pognębińskich kolonistów śpiewa ze strachu *Wacht am Rhein*. Cały ów tłum pstry i różnobarwny, wśród którego połyskują bagnety żandarmskie, posuwa się opłotkami ku końcowi wsi z krzykiem, gwarem i rwetesem. Baby trzymają swoich „żołnierzyków" za kark i lamentują; jakaś staruszka pokazuje żółty ząb i wygraża pięścią gdzieś w przestrzeń. Inna klnie:

„Niech wam Pan Bóg policzy nasze płakanie!"

Słychać wołania:

„Franku! Kaśko! Józek! bądźta zdrowi!"

Psy szczekają. Dzwon na kościele dzwoni. Proboszcz sam odmawia modlitwy za konających, boć przecie nie jeden z tych, co teraz idą na stacyę, nie wróci. Wojna ich bierze wszystkich, ale wojna ich nie odda. Pługi pordzewieją na polach, bo Pognębin wypowiedział wojnę Francyi. Pognębin nie mógł zgodzić się na przewagę Napoleona III i wziął do serca sprawę o tron hiszpański. Odgłos dzwonu przeprowadza tłumy, które już wyszły z opłotków.

Mijają figurę: czapki i pikielhauby lecą z głów. Kurz złoty wstaje na drodze, bo dzień jest suchy i pogodny. Po dwóch stronach drogi, zboże dojrzewające szeleści ciężkim kłosem i gnie się pod wietrzykiem, który od czasu do czasu dmucha łagodnie. W niebie błękitnem tkwią skowronki i każdy świergoce, jakby się zapamiętał.

Le village entier était dehors ; le chemin était couvert d'hommes appelés par la guerre. Ils se rendaient à la station du chemin de fer, et les femmes, les enfants, les vieillards et le chiens les accompagnaient. Presque tous avaient le cœur lourd ; les pipes pendaient le long des bouches des plus jeunes ; d'autres étaient déjà ivres, et d'autre encore chantaient d'une voix rauque.

Quelques Allemands aussi, de la colonie de Pognembin, chantaient de peur la *Wacht am Rhein*. Toute cette foule, mêlée et multicolore, au milieu de laquelle brillaient les baïonnettes de la police, se poussait en avant le long des haies avec des cris, des rumeurs et la plu entière confusion. Les femmes serraient leurs soldats par le col, et pleuraient ; une vieille sorcière, qui n'avait plus qu'une dent jaune, montrait le poing à quelque chose dans l'espace ; une autre poussait des malédictions :

— Que Dieu vous fasse payer nos pleurs !

Des cris s'entendaient :

— Franck ! Kazek ! Jozek ! Au revoir !

Les chiens aboyaient. Les cloches des églises sonnaient. Les prêtres lisaient chez eux les prières des agonisants, persuadés qu'aucun de ceux qui s'en allaient à présent à la station ne reviendrait. La guerre les prenait, mais la guerre ne les rendrait pas. Les charrues se rouilleraient dans les sillons, car Pognembin avait déclaré la guerre à la France. Pognembin refusait de reconnaître le prépondérance de Napoléon III, et prenait à cœur la cause de la succession d'Espagne. Le son des cloches conduisait la foule, qui déjà dépassait les haies.

Mais les figures passent ; les bonnets et les casques s'enlèvent. Une poussière dorée monte de la route, car la journée est sèche et ensoleillée. Des deux côtés du chemin, le grain mûr penche ses têtes lourdes et ploie sous la brise légère qui souffle par bouffées douces. Dans le ciel bleu, les alouettes volent et chantent comme si elles étaient devenues folles.

Stacya!... Tłumy jeszcze większe. Są tu już powołani z Krzywdy Górnej, Krzywdy Dolnej, z Wywłaszczyniec, z Niedoli, Mizerowa. Ruch, gwar i zamieszanie! Ściany na stacyi oblepione manifestami. Wojna tu „w Imię Boga i Ojczyzny". Landwera pójdzie bronić swych zagrożonych rodzin, żon i dzieci, chat i pól. Francuzi widocznie szczególniej zawzięli się na Pognębin, na Krzywdę Górną, na Krzywdę Dolną, na Wywłaszczyńce, Niedolę i Mizerów. Tak przynajmniej wydaje się tym, którzy czytają afisze. Przed stacyę przybywają coraz nowe tłumy. W sali dym z fajek napełnia powietrze i przesłania afisze. W gwarze trudno się zrozumieć: wszyscy chodzą, wołają, krzyczą. Na peronie słychać komendę niemiecką, której gwałtowne słowa brzmią krótko, twardo, stanowczo.

Rozlega się dzwonek... świst! zdala słychać gwałtowny oddech lokomotywy. Coraz bliżej, wyraźniej. To wojna zdaje się przybliżać.

Drugi dzwonek! Dreszcz przebiega wszystkie piersi. Jakaś kobieta poczyna krzyczeć:

„Jadom! Jadom!"

Woła ona widocznie swego Adama, ale kobiety podchwytują wyraz i wołają:

„Jadą!"

Głos jakiś przeraźliwy nad inne dodaje:

„Francuzy jadą!"

I przez jedno mgnienie oka panika ogarnia nietylko kobiety, ale i przyszłych bohaterów Sedanu.

Tłum zakołysał się.

Tymczasem pociąg staje przed stacyą. We wszystkich oknach widać czapki z czerwonymi lampasami i mundury. Wojska widocznie jak mrowia.

La station ! La masse du peuple est encore plus épaisse. On y voit tous les hommes appelés de Haut Kryvda, Bas Kryvda, Vylaschine, Nyedolya, Mizerov. Mouvement, bruit, désordre ! Les murs de la gare sont couverts de proclamations. C'est la guerre « Au nom de Dieu et de la Patrie ». La landwehr restera pour protéger le pays natal, les femmes, les enfants, les fermes et les champs. Les Français, c'est clair, professent une haine spéciale contre Pognembin et les autres villages dont les hommes sont ici assemblés. De nouvelles bandes arrivent à chaque instant devant la station. Dans le hall intérieur, la fumée des pipes emplit l'atmosphère et cache les proclamations. Dans la clameur générale il est difficile aux gens de se comprendre les uns les autres ; tout remue, crie, hurle. Sur les quais on entend des commandements allemands, durs et brefs.

Mais voici une cloche, un sifflet. Du lointain vient la respiration puissante d'une machine... puis elle s'approche, plus nette. Il semble que ce soit la guerre elle-même qui s'avance.

Un second coup de cloche. Un frisson passe dans les poitrines. Une femme commence à pousser des cris aigus.

— Yadom ! Yadom !

Elle appelle son mari : Adam. Mais d'autres couvrent sa voix :

— Yadan ! Yadan ! *(Ils viennent !)*

D'autres cris, encore plus perçants :

— Frantsuzy yadan ! *(Les Français viennent)*.

Et en un clin d'œil une panique saisit non seulement les femmes, mais encore les futurs héros de Sedan.

La foule est excessivement agitée.

Cependant le train s'est arrête devant la station. À toutes les fenêtres on voit des uniformes, des bonnets à bande rouge. Les soldats sont en apparence aussi nombreux que des fourmis.

Na węglarkach czernieją posępne, podługowate ciała armat; nad otwartymi wozami jeży się las bagnetów. Widocznie kazano żołnierzom śpiewać, bo cały pociąg aż dygoce od silnych głosów męskich. Jakaś siła i potęga bije od tego pociągu, którego końca nie dojrzeć.

Na peronie poczynają formować rekrutów; kto może, żegna się jeszcze. Bartek machnął łapami, jakby skrzydłami wiatraka, oczy wytrzeszczył.

— No, Magda! bywaj zdrowa!

— Oj! moje biedne chłopisko!

— Już mnie nie obaczysz więcej!

— Już cię nie obaczę więcej!

— Niema rady nijakiej!

— Niechże cię Matka Boska strzeże i chroni...

— Bądź zdrowa: chałupy pilnuj.

Kobieta uchwyciła go za szyję z płaczem.

— Niechże cię Bóg prowadzi.

Nadchodzi ostatnia chwila. Pisk, płacz i lament kobiet zagłusza wszystko: „Bądźta zdrowi! Bądźta zdrowi!" Ale owoż żołnierze są już oddzieleni od bezładnego tłumu: już tworzą czarną zbitą masę, która zwiera się w kwadraty, prostokąty i poczyna poruszać się z tą sprawnością i regularnością ruchów machiny. Komenda: „Siadać!" Kwadraty i prostokąty przełamują się w środku, wyciągają się wązkimi pasami ku wagonom i giną w ich wnętrzu. W dali lokomotywa świszcze i rzuca kłęby siwego dymu. Teraz oddycha jak smok, zionąc pod siebie strumienie pary. Lament kobiet dochodzi do najwyższego stopnia. Jedne zasłaniają oczy fartuchami, inne wyciągają ręce ku wagonom. Łkające głosy powtarzają imiona mężów i synów:

Ils ont évidemment reçu l'ordre de chanter, car c'est un véritable tonnerre de voix puissantes qui ébranle le convoi tout entier.

Sur les quais on forme les recrues ; celles qui en ont la chance échangent un dernier adieu.

— Et maintenant, Magda, au revoir.

— Oh ! mon pauvre mari !

— Tu ne me reverras plus !

— Je ne te reverrai plus !

— Mais il n'y a rien à faire à cela.

— Que la mère de Dieu te garde et te sauve !

— Adieu ! Garde la ferme !

La femme l'avait pris par le coup, en pleurant.

— Adieu !

Le dernier moment est arrivé. Les plaintes, les cris, les pleurs des femmes couvrent pendant quelques instants tous les autres bruits. « Adieu ! Adieu ! » Mais à présent les soldats ont été séparés de la foule ; ils sont formés en une immense masse sombre qu'on divise en carrés, en rectangles, et qui bientôt va se mouvoir avec la régularité et la précision d'une machine. Le commencement arrive : « En avant ! » ; les carrés et les rectangles se brisent par le centre, se rendent vers les wagons par lignes étroites, et y disparaissent. Les machines sifflent et lancent de puissants jets de vapeur. Elles pantellent comme des dragons et halètent sous l'effort. La lamentation des femmes atteint son plus haut degré. Les unes ont couvert leurs yeux de leurs tabliers ; les autres tendent les bras vers le train en marche. Toutes répètent avec des sanglots les noms de leurs maris ou de leurs fils :

— Bądź zdrów Bartek! — woła z dołu Magda. — A nie leż tam, gdzie cię nie poślą. Niech cię Matka Boska... Bądź zdrów! O dla Boga!

— A chałupy pilnuj! — odzywa się Bartek

Korowód wagonów drgnął nagle; wozy stuknęły jedne o drugie i ruszyły.

— A pamiętaj, że masz żonę i dziecko! — wołała Magda, drepcząc za pociągiem. — Bądź zdrowy, w Imię Ojca i Syna i Ducha Świętego. Bądź zdrowy...

Pociąg poruszał się coraz prędzej, wioząc wojowników z Pognębina, z obydwóch Krzywd, z Niedoli i Mizerowa. ❖

— Adieu ! Bartek, crie Magda. Ne va pas où on ne t'enverra pas ! Que la Mère de Dieu… Adieu !… Que Dieu vous aide !

— Prends soin de la ferme ! répond Bartek.

— Souviens-toi que tu as une femme et un enfant ! crie encore Magda en courant après le train.

— Adieu !

La vitesse augment, et le convoi disparaît bientôt, emportant les guerriers de Pognembin, des deux Kryvdas, de Nyedolya et de Mizerov. ■

2

W jedną stronę wraca ku Pognębinowi Magda z tłumem bab i płacze, w drugą stronę świata rwie w siwą dal pociąg, najeżony bagnetami, a w nim Bartek. Siwej dali końca nie widać. Pognębina też ledwo dojrzeć. Lipa tylko szarzeje i wieża na kościele się złoci, bo po niej słońce igra. Wkrótce i lipa rozpłynęła się, a złoty krzyż wyglądał tylko jak punkt błyszczący.

Dopóki ten punkt świecił, patrzał na niego Bartek, ale gdy i on zniknął, frasunkowi chłopa nie było miary. Zdjęła go niemoc wielka, i czuł, że przepadł. Zaczął tedy patrzeć na podoficera, bo już prócz Boga nikogo więcej nie było nad nim. Co się teraz z nim stanie, to już w tem głowa kaprala: sam Bartek już nic nie wie, nic nie rozumie. Kapral siedzi na ławce i, trzymając karabin między kolanami, pali fajkę. Dym co chwila, jakby chmura, zasłania mu twarz poważną i markotną. Nietylko Bartkowe oczy patrzą na tę twarz: patrzą na nią wszystkie oczy ze wszystkich kątów wagonu. W Pognębinie lub Krzywdzie, każdy Bartek lub Wojtek jest sobie pan, każdy musi myśleć o sobie, za siebie, ale teraz od tego kapral.

2

D'une part, Magda retourne à Pognembin avec un groupe de femmes en larmes ; de l'autre, un train vole vers la distance bleue, luisant de baïonnettes, et dans lequel se trouve Bartek. Pognembin n'est presque plus visible. On ne distingue dans l'éloignement que des peupliers gris, les tours de l'église qui brillent comme de l'or, et sur lesquelles le soleil joue. Bientôt les peupliers auront disparu, et bientôt la croix de l'église ne luira plus que comme un point.

Tant que ce point fut visible, Bartek le contempla ; mais quand il disparut à son tour, la tristesse du gant devint incommensurable. Une grande faiblesse le saisit, et il se sentit perdu. Il regarda son caporal. Qu'allait il lui arriver maintenant ? Peut-être le caporal pourrait-il répondre à cette question ? Pour Bartek lui-même, il ne sait rien ; il ne comprend rien. Le caporal est assis sur la banquette ; il tient son fusil dans ses jambes et fume sa pipe. La fumée, par petits nuages, couvre d'instant en instant sa face sérieuse et anxieuse. Il n'y a pas que les yeux de Bartek qui surveillent cette face ; tous les yeux sont fixés sur elle de chaque coin du wagon. À Pognembin et à Kryvda, chaque Bartek est son maître ; chacun peut penser pour soi même, mais c'est maintenant le caporal qui a cette charge pour les autres.

Każe im się patrzeć na prawo, będą patrzeć na prawo, każe na lewo, to na lewo. Każdy pyta się wzrokiem: „No? a co z nami będzie?" — on sam zaś tyle wie, ile i oni, i radby także, aby kto starszy dał mu pod tym względem jakie rozkazy lub objaśnienia.

Zresztą chłopi boją się pytać wyraźnie, bo teraz jest wojna z całym aparatem sądów wojennych. Co wolno, a czego nie wolno, nie wiadomo. Przynajmniej oni nie wiedzą, a straszy ich dźwięk wyrazów takich, jak *Kriegsgericht*, których dobrze nie rozumieją, ale tembardziej się boją.

Jednocześnie czują, że ten kapral potrzebniejszy im jeszcze teraz, niż na manewrach pod Poznaniem, bo on jeden wie wszystko, on za nich myśli, a bez niego ani rusz. Tymczasem zaciężył mu widocznie karabin, bo go rzucił Bartkowi do trzymania. Bartek porwał skwapliwie za broń, dech wstrzymał, oczy wyłupił i patrzy w kaprala, jak w tęczę, ale mała mu i z tego pociecha.

Oj, coś źle słychać, bo i kapral jak z krzyża zdjęty. Na stacyach śpiewy i krzyki; kapral komenderuje, kręci się, łaje, żeby to starszym się pokazać, ale niechno pociąg ruszy, cichną wszyscy, i on cichnie. Dla niego także świat ma teraz dwie strony: jedna jasna i zrozumiała, to jego izba, żona i pierzyna; druga ciemna, ale to zupełnie ciemna, to Francya i wojna. Zapał jego, jak i zapał całej armii, chętnieby zapożyczył chodu od raka. Wojowników pognębińskich ożywiał duch tem widoczniejszy, że siedzący nie w żołnierzach, ale każdemu na ramieniu. A ponieważ każdy żołnierz dźwigał na ramionach tornister, płaszcz i inne wojskowe przybory, więc wszystkim było nader ciężko.

S'il leur commande de regarder à droite, il faudra regarder à droite, et s'il leur commande de regarder à gauche, il faudra regarder à gauche. Chacun lui demande dans un coup d'œil : « Eh ! bien, que va-t-on faire de nous ? » Mais il n'en sait pas plus long que ses hommes, et serait très heureux lui-même si quelque supérieur voulait bien lui donner à ce sujet quelque ordre ou quelque explication.

D'autre part, les hommes ont une peur vague de parler, car en temps de guerre, alors que les cours martiales fonctionnent, ce qui est permis et ce qui n'est pas permis demeure vague, au moins pour ces malheureux, et ils craignent, par la moindre question, de se mettre entre les griffes du « Kriegsgericht » (conseil de guerre).

En même temps ils sentent que ce caporal leur est plus nécessaire à présent qu'au temps des manœuvres près de Poznan, car lui seul sait tout, lui seul pense pour les autres, et, hors de lui, pas de salut. Cependant, le fusil du caporal doit lui paraître lourd, car il le donne à tenir à Bartek. Bartek prend l'arme en hâte, retient sa respiration, contemple le caporal comme un arc-en-ciel : mais il n'en éprouve qu'un mince soulagement.

Oh ! il doit y avoir de mauvaises nouvelles, car le caporal a l'air d'un condamné à mort. Aux stations, on chante et on crie ; le caporal commande, hâte, bouscule son monde, afin de se faire remarquer de ses supérieurs, mais quand le train marche, tout redevient immobile. Pour lui aussi, en ce moment, le monde a deux faces... l'une claire, compréhensible, celle où se trouvent la ferme, la femme, et le lit de plume... et une autre sombre, très sombre, celle où se trouvent la France et la guerre. Son ardeur, comme l'ardeur de toute l'armée, serait heureuse d'emprunter la démarche du crabe.

Tymczasem pociąg fukał, huczał i leciał w dal. Co stacya, przyczepiano nowe wagony i lokomotywy. Co stacya, widać było tylko pikielhauby, armaty, konie, bagnety piechurów i chorągiewki ułanów. Zapadał zwolna pogodny wieczór. Słońce rozlało się w wielką czerwoną zorzę, wysoko na niebie unosiły się stada drobnych lekkich obłoków, o brzegach poczerniałych od zachodu. Pociąg wreszcie przestał brać ludzi i wagony na stacyach, trząsł się tylko i leciał naprzód w ową jasność czerwoną, jakby w morze krwi. Z otwartego wagonu, w którym siedział Bartek z pognębińskimi ludźmi, widać było wsie, sioła i miasteczka, wieżyczki na kościołach, bociany poprzeginane jak haki, stojące jedną nogą na gniazdach, chałupy osobne, sady wiśniowe. Wszystko to migotało przelotem, a wszystko czerwone. Żołnierze poczęli szeptać między sobą tem śmielej, że podoficer, podłożywszy sakwy pod głowę, zasnął z porcelanową fajką w zębach.

Wojciech Gwizdała, chłop z Pognębina, siedzący wedle Bartka, trącił go łokciem:

— Bartek, słuchaj-no!

Bartek zwrócił ku niemu twarz z zamyślonemi, wyłupiastemi oczyma.

— Czegoż patrzysz jak cielę, co idzie na rzeź?... — szeptał Gwizdała. — Ale ty, nieboże, idziesz na rzeź, i pewnikiem...

— Oj, oj! — jęknął Bartek.

— Boisz się? — pytał Gwizdała.

— Co się nie mam bać?...

Zorza stała się jeszcze czerwieńsza, więc Gwizdała wyciągnął ku niej rękę i szeptał dalej:

Cependant le train ronflait, mugissait et volait vers le lointain. À chaque station de nouveaux wagons et de nouvelles machines étaient attelés. À chaque gare on voyait des casques, des canons, des chevaux, des baïonnettes d'infanterie et les guidons des uhlans. Une soirée claire tomba graduellement. Le soleil perdit ses rayons dans un crépuscule de pourpre, et dans le haut du ciel de petits nuages roses continuèrent à courir légèrement. Le train cessa enfin de recruter des wagons et du monde, et il s'élança vers l'horizon rouge comme vers un Océan de sang. Du wagon ouvert où Bartek était assis avec les hommes de Pognembin, on voyait passer des villages, des fermes, des villes, des tours de cathédrales, des nids de cigognes où les grands oiseaux se tenaient sur une patte, la tête curieusement penchée, des maisons de campagne isolées, des jardins de cerisiers... tout cela luisait en passant et tout cela était rouge. Les soldats commencèrent à murmurer de l'un à l'autre, et d'autant plus audacieusement que le caporal, ayant mis son casque sous sa tête, s'était endormi, sa pipe en porcelaine entre les dents.

Voitek Grizdala, un homme de Pognembin et voisin de Bartek, le poussa du coude :

— Écoute, Bartek !

Bartek tourna la tête et le fixa de ses yeux anxieux.

— Pourquoi me regardes-tu comme un veau qu'on va égorger ?

— Oh ! Oh ! grogna Bartek.

— Tu as peur ?

— Et pourquoi n'aurais-je pas peur ?

Le crépuscule flambait plus fort. Voitek étendit la main vers le ciel et murmura :

— Widzisz tę jasność? Wiesz, głupi, co to jest? To krew. Tu jest Polska, niby nasz kraj: rozumiesz? A hen tam daleko, gdzie się tak świeci, to właśnie Francya...

— A prędko zajedziewa?

— Albo ci pilno? Mówią, że okrutnie daleko. Ale nie bój się: Francuzy wyjdą naprzeciw...

Bartek zaczął pracować ciężko swoją pognębińską głową. Po chwili spytał:

— Wojtek?

— Czego?

— A na ten przykład, co to za naród te Francuzy?

Tu uczoność Wojtka ujrzała nagle przed sobą dół, w który łatwiej jej było wlecieć z głową, niż wylecieć napowrót. Wiedział, że Francuzy to są Francuzy. Słyszał coś o nich od starszych ludzi, którzy mówili o nich, że zawsze wszystkich bili; nakoniec wiedział, że to jacyś bardzo obcy ludzie. Ale jak to wytłómaczyć Bartkowi, aby i on wiedział, jak dalece obcy?

Przedewszystkiem tedy powtórzył pytanie:

— Co to za naród?

— A juści.

Trzy narody były znane Wojtkowi: w środku „Polaki", z jednej strony „Moskale", a z drugiej „Niemcy". Ale Niemców były różne gatunki. Chcąc więc być jasnym więcej, niż ścisłym, rzekł:

— Co to za naród Francuzy? Jak ci powiedzieć: musi także Niemcy, tylko jeszcze gorsze...

A Bartek na to:

— O, ścierwa!

Do tej pory żywił względem Francuzów jedno tylko uczucie, to jest uczucie nieopisanego strachu. Teraz dopiero poczuł ku nim ten pruski landwerzysta wyraźniejszą patryotyczną niechęć.

— Tu vois, tout ce rouge ? C'est du sang. Ceci, de ce côté, c'est notre pays, la Pologne. Et de l'autre côté, là-bas, c'est la France.

— Est-ce que nous y serons bientôt ?

— Tu es pressé ? On dit que c'est terriblement loin. Mais ne crains rien ; les Français viendront au-devant de nous.

Bartek travaillait péniblement de sa grosse tête ; il dit enfin :

— Voitek ?

— Quoi ?

— Quelles sortes de gens sont ces Français ?

Ici l'érudition de Voitek se vit devant un abîme à peu près insondable. Il savait que les Français étaient des Français, mais c'était à peu près tout. Il en avait vaguement entendu parler par les anciens, gui disaient qu'ils étaient vainqueurs partout ; il savait encore que c'était un peuple très différent du peuple polonais ; mais comment expliquer tout ceci à Bartek ?

— Quelle sorte de gens c'est ?

— Oui.

Trois nations étaient connues de Voitek ; au milieu les Polonais, d'un côté les Moscovites, et de l'autre les Allemands. Mais diverses qualités d'Allemands. Préférant être clair plutôt qu'exact, il dit :

— Quelle sorte de gens sont les Français ? Comment pourrais-je te le faire comprendre ? Ils sont pareils aux Allemands et peut-être pires…

Et Bartek répondit :

— Oh ! les canailles !

Jusque-là, Bartek n'avait éprouvé pour les Français qu'un seul sentiment, une peur sans mélange ; et maintenant qu'il les croyait de la même race que les Allemands, quelque chose de patriotique se mêlait à sa frayeur.

Jednakże nie wszystko jeszcze zrozumiał należycie i dlatego spytał znowu:

— To Niemcy będą z Niemcami wojować?

Tu Wojtek, jak drugi Sokrates, postanowił pójść drogą porównań i odparł:

— Albo to się twój Łysek z moim Burkiem nie gryzą?

Bartek otworzył usta i popatrzał chwilę na swego mistrza.

— O, prawda...

— Przecie i Austryaki Niemcy, — prawił Wojtek — a czy się nasi z nimi nie bili? Toć stary Świerszcz opowiadał, że jak był na onej wojnie, to Szteinmec krzyczał na nich: „Dalej chłopy na Niemców!" Tylko że z Francuzami nie tak łatwo!

— O la Boga!

— Francuzy nigdy żadnej wojny nie przegrały. Taki jak się do ciebie przyczepi, to się nie wykpisz, nie bój się! Każdy jest chłop, jak dwa albo trzy razy nasz, a brody to ci mają jak Żydy. Inszy też jest czarny, jak dyabeł. Takiego jak zobaczysz, to poleć się Bogu!

— No, to poco my do nich pójdziemy? — pyta zdesperowany Bartek.

Filozoficzna ta uwaga nie była może tak głupią, jak zdawało się Wojtkowi, który widocznie pod wpływem urzędowych natchnień, pośpieszył z odpowiedzią:

— Jabym też wolał nie iść. Ale nie pójdziemy my, to przyjdą oni. Niema rady. Czytałeś, co stało drukowane. Dycht najgorzej zawzięte na naszych chłopów. Ludzie gadają, że ony dlatego takie łakome na tutejsze grunta, bo chcieli wódkę przemycać z Królestwa, a rząd nie daje, i z tego jest wojna: no, rozumiesz?

Cependant il y avait dans les réponses de Voitek quelque chose qu'il ne comprenait pas bien encore, et c'est pourquoi il demanda :

— Mais pourquoi ces Allemands se battent-ils avec des Allemands ?

Ici Voitek, comme un second Socrate, détermina de procéder par la méthode des comparaisons, et répondit :

— Est-ce que ton fils ne se bat pas quelquefois avec le mien ?

Bartek ouvrit la bouche et regarda fixement son interlocuteur.

— C'est vrai ! dit-il.

— En outre, continua Voitek, les Autrichiens aussi sont des Allemands. Est-ce que cela a empêché notre peuple de se battre avec eux ? Le vieux Schverch disait que quand il était à la guerre, Steinmetz criait : « En avant, enfants, contre les Allemands ! » Mais avec les Français, ce ne sera pas aussi facile.

— Oh ! pour l'amour de Dieu !

— Les Français n'ont jamais perdu une guerre. Ceux qu'ils attrapent ne s'échappent jamais, ne crains rien. Chacun d'eux en vaut deux ou trois des nôtres, et ils ont des barbes comme les Juifs. Il y en a qui sont aussi noirs que le diable. Quand tu les verras, recommande ton âme à Dieu.

— Mais alors, pourquoi courons-nous vers eux demanda Bartek, au désespoir.

Cette question philosophique n'était pas aussi stupide qu'elle le semblait à Voitek, qui, sous l'influence d'une inspiration hâtive, répondit :

— Ils ont une haine terrible contre nous. On dit qu'ils sont aussi affamés de ce pays parce qu'ils veulent faire sortir en contrebande toute l'eau-de-vie du royaume, et que le Gouvernement ne veut pas les laisser faite. Et c'est la cause de la guerre. Tu comprends ?

— Co nie mam rozumieć — rzekł z rezygnacyą Bartek.

Wojtek mówił dalej:

— Na baby ci też łakome, jak pies na sperkę...

— A toby na ten przykład i Magdzie nie przepuścili?

— Ony i starym nie przepuszczają!

— O! — krzyknął Bartek takim tonem, jakby chciał powiedzieć: „Jeżeli tak, to będę walił!"

Jakoż wydało mu się, że tego już nadto. Wódkę niechby jeszcze sobie z Królestwa przemycali, ale do Magdy im zasie! Teraz mój Bartek jął na całą tę wojnę patrzeć ze stanowiska własnego interesu i poczuł jakąś otuchę na myśl, że tyle wojska i armat występuje w obronie zagrożonej przez bałamuctwo francuskie Magdy. Pięści mu się zacisnęły mimowolnie, i strach przed Francuzami pomieszał się w jego umyśle z nienawiścią do nich. Przyszedł do przekonania, iż niema już chyba rady, że trzeba iść.

Tymczasem jasność niebieska zgasła. Ściemniło się. Wagon na nierównych relsach począł się kołysać mocno, a w takt z jego ruchami kiwały się na prawo i lewo pikielhauby i bagnety.

Upłynęła jedna godzina i druga. Z lokomotywy sypały się miliony iskier, które, jak długie złociste kresy i wężyki, krzyżowały się z sobą w ciemnościach. Bartek długo nie mógł zasnąć. Jako owe iskry po powietrzu, tak w głowie jego skakały myśli o wojnie, o Magdzie, Pognębinie, Francuzach i Niemcach. Zdawało mu się,

— Pourquoi ne comprendrais-je pas ? dit Bartek avec résignation.

Voitek continua :

— Avec cela, ils sont aussi avide de femmes que les chiens le sont de fromage.

— Alors, ils me prendraient Magda !

— Ils prendront toutes les femmes qu'ils pourront trouver, mêmes les vieilles.

— Oh ! fit Bartek, du ton dont il aurait dit : « S'il en est ainsi, je me battrai ! »

Et de fait, il lui semblait que c'était trop. Qu'ils emportassent toute l'eau-de-vie, s'ils voulaient, mais qu'ils ne touchassent pas à Magda ! Maintenant Bartek envisageait la guerre à travers son intérêt particulier, et il sentait une certaine consolation à constater que tant de canons et tant de troupes s'avançaient pour la défense de Magda, menacée de la séduction des Français. Ses poings se serraient involontairement, et la peur de l'ennemi se mélangeait à la haine. Il en arriva peu à peu à la conviction que la guerre était nécessaire, et qu'il lui était nécessaire d'y aller.

Pendant ce temps, les dernières lueurs du crépuscule avaient disparu. Il faisait noir. Le wagon, roulant sur une voie courbe, penchait, et les casques et les baïonnettes hochaient à droite et à gauche.

Une heure se passa, puis une seconde. De la machine s'élevaient des millions d'étincelles, qui fourmillaient dans les ténèbres comme des flocons d'or ou comme de petits serpents. Bartek ne put s'endormir pendant longtemps. Comme ces étincelles entrecroisées dans l'air, ainsi tourbillonnaient ses pensées, mêlant la guerre, Magda, Pognembin, les Allemands et les Français, qui étaient aussi des Allemands. Il lui semblait que sa volonté n'aurait pas suffi à le soulever du banc sur lequel

że choćby chciał, nie mógłby się podnieść z tej ławki, na której siedział. Usnął wreszcie, ale niezdrowym półsnem. I zaraz nadleciały widziadła: ujrzał naprzód, jak jego Łysek gryzie się z Wojtkowym Burkiem, aż sierć z nich leci. On cap za kij, żeby ich pogodzić, aż nagle widzi co innego: koło Magdy siedzi Francuz czarny, jak święta ziemia, a Magda kontenta śmieje się i szczerzy zęby. Inni Francuzi kpią z Bartka i pokazują na niego palcami... To zapewne lokomotywa trajkocze, ale jemu się zdaje, że to Francuzy wołają: „Magda! Magda! Magda! Magda!"

Bartek w krzyk:

„Stulta pyski złodzieje! puszczajta babę!"

A oni: „Magda! Magda! Magda!" Łysek i Burek szczekają, cały Pognębin woła: „Nie daj baby!" On czy skrępowany, czy co! Nie! rzucił się, targnął, powrozy pękły, Bartek Francuza za łeb — i nagle...

Nagle wstrząsa nim silny ból, jakoby gwałtownego uderzenia. Bartek budzi się i zrywa na równe nogi. Cały wagon rozbudzony, wszyscy pytają: co się stało? A to biedaczysko Bartek złapał podoficera przez sen za brodę. Teraz oto stoi wyciągnięty jak drut, dwa palce przy skroni, a podoficer macha rękoma i krzyczy jak wściekły:

— *Ach, Sie! Dummes Vieh aus der Polakei! Hau' ich den Lümmel in die Fresse, dass ihm die Zähne sektionenweise aus dem Maule herausfliegen werden!*

il était assis. Ils s'endormit enfin, mais d'un pénible demi-sommeil. Immédiatement des visions volèrent vers lui ; il vit d'abord son fils se battre avec le fils de Voitek. Il avait saisi son bâton pour les séparer, mais tout à coup quelque chose de nouveau se produisit : un Français s'était assis aux côtés de Magda, un Français aussi noir que l'enfer ; et il montrait ses dents ; et elle riait. D'autres français se moquaient de Bartek et le montraient du doigt. Ils criaient : « Magda ! Magda ! Magda ! »

Bartek hurlait :

— Fermez vos groins, bandits ! Laissez cette femme tranquille !

Mais les Français continuaient à crier : « Magda ! Magda ! Magda ! » Les deux enfants aboyaient en se battant ; tout Pognembin criait : « Ne laissez pas emmener la femme ! Bartek est-il attaché ? » Il lutte, bouscule, ses entraves se brisent. Bartek saisit un Français par la tête, et tout à coup…

Tout à coup, Bartek ressent une violente douleur, comme s'il venait de recevoir un coup puissant. Il s'éveille et saute sur ses pieds. Tout le monde se demande ce qui est arrivé. Mais le pauvre Bartek a saisi le caporal par la barbe. Et maintenant, il se tient droit comme un poteau, deux doigts sur sa tempe, et le gradé se frotte les mains, criant comme un fou :

— *Ach! Sie Dummes Vieh aus der Polakei! Han'ich den Lümmel in die Fresse, das ihm die Zahne sektionenweise aus dem Maule herausfliegen werden!* (Stupide animal de Pologne ! Je ferai battre le groin de ce porc, jusqu'à ce que les dents en sortent par morceaux).

Podoficer aż ochrypł ze wściekłości, a Bartek ciągle stoi z palcami przy skroni. Inni żołnierze gryzą wargi, by się nie śmiać, ale boją się, gdyż z ust podoficera padają jeszcze ostatnie strzały:

— *Ein polnischer Ochse! Ochse aus Podolien!*

Nakoniec ucichło wszystko. Bartek usiadł napowrót na dawnem miejscu. Czuł tylko, że policzki poczynają mu jakoś nabrzmiewać, a lokomotywa jak na złość, powtarza ciągle:

— Magda! Magda! Magda!

Czuł też wielki jakiś żal... ❖

Le caporal est vert de rage, mais Bartek reste immobile comme une pierre, deux doigts toujours collés à la tempe. Les soldats se mordent les lèvres pour ne pas rire ; mais ils ont peur, aussi, car des lèvres du caporal partent les dernières flèches :

— Bœuf polonais ! Taureau de Podolie !

Enfin tout se calme. Bartek se rassied à son ancienne place ; il sent que ses joues lui cuisent ; la machine continue à cracher sa vapeur ; Bartek entend :

— Magda ! Magda ! Magda !

Il se sent aussi infiniment triste. ■

3

Ranek! Rozpierzchłe, blade światło oświeca twarze senne i zmęczone z niewywczasu. Na ławkach śpią w nieładzie żołnierze: jedni z głowami pospuszczanemi na piersi, drudzy z zadartemi w tył. Wstaje jutrzenka i zalewa różowością cały świat. Jest świeżo i rzeźwo. Żołnierze budzą się. Promienny ranek wydobywa z cienia i mgły jakąś nieznaną im krainę. Hej! a gdzie teraz Pognębin, gdzie Wielka i Mała Krzywda, gdzie Mizerów? To już obczyzna i wszystko inne. Naokół wzgórza porosłe dębiną, w dolinach domy kryte czerwoną dachówką, z czarnemi krzyżownicami w białych ścianach, domy piękne, jak dwory, obrosłe winem. Gdzieniegdzie kościoły o śpiczastych wieżach, gdzieniegdzie kominy fabryczne z pióropuszami różowych dymów. Tylko ciasno tu jakoś, równi brak i łanów zbożowych. Ludzi za to mrowie. Migają wsie i miasta. Pociąg, nie zatrzymując się, mija mnóstwo pomniejszych stacyi. Coś się musiało stać, bo wszędy widać tłumy. Słońce wychyla się zwolna z za wzgórz, więc jeden i drugi Maciek poczyna głośno pacierz. Za ich przykładem idą inni; pierwsze promienie kładą blask na chłopskie twarze, modlące się i poważne.

3

C'est le matin. Une lumière pâle se diffuse sur des faces tirées par le manque de repos. Les soldats dorment sur les bancs, en désordre, les uns avec la tête sur la poitrine, les autres avec la tête en arrière et la bouche ouverte. Le jour arrive et emplit le monde entier d'une lueur rose. L'atmosphère est fraîche et agréable. Les hommes s'éveillent. La contrée qui sort de l'ombre leur est totalement inconnue. Où est maintenant Pognembin ? Où sont les deux Kryvda ? Où Mizerov ? Tout est étrange, ici, et tout est différent. Les parties élevées du pays sont couvertes de chênes ; dans les vallées les maisons sont surmontées de toits rouges ; elles sont belles comme des palais, et des treilles de vigne y grimpent. Ça et là se voient de églises avec des clochers pointus ; ça et là des cheminées hautes avec des panaches de fumée rose. Mais, en quelque sorte, tout est rassemblé ; on ne voit presque pas de champs de blé. Les habitants sont nombreux comme des fourmis ; les villages et les villes passent comme des éclairs. Le train, sans s'arrêter, brûle quelques petites stations. Quelque chose doit être arrivé, car partout des foules sont assemblées. Le soleil monte lentement de derrière les collines ; en conséquence, nos Polonais commencent à dire à haute voix leur prière. Les premiers rayons de l'astre tombent sur les faces sérieuses de tous ces hommes.

Tymczasem pociąg zatrzymuje się na głównej stacyi. Tłum ludzi otacza go natychmiast: są już wieści z placu boju. Zwycięstwo! zwycięstwo! Depesze przyszły od kilku godzin. Wszyscy oczekiwali klęsk, więc gdy zbudzono ich pomyślną wieścią, radość nie zna miary. Ludzie nawpół ubrani poopuszczali domy, łóżka i pośpieszyli na stacyę. Z niektórych dachów powiewają już chorągwie, a ze wszystkich rąk chustki. Do wagonów donoszą piwo, tytuń i cygara. Zapał jest nieopisany, twarze rozpromienione. Wacht am Rhein huczy ciągle jak burza. Niektórzy płaczą, inni padają sobie w objęcia.

Unser Fryc pobił na głowę! wzięto armaty, chorągwie. W szlachetnym zapale tłumy oddają żołnierzom wszystko, co mają. Otucha wstępuje w serca żołnierzy, i zaczynają śpiewać także. Wagony drżą od mocnych męskich głosów, a tłum słucha z zadziwieniem słów niezrozumiałych pieśni. Pognębińscy śpiewają: „Bartoszu! Bartoszu! oj nie traćwa nadziei!"

„Die Polen! die Polen!" powtarza tłum sposobem objaśnienia i kupi się koło wagonów, podziwiając postawę żołnierza, a zarazem umacniając się w radości opowiadaniem anegdot o strasznem męstwie tych polskich pułków.

Bartek ma rozpuchłe policzki, co przy jego żółtych wąsach, wyłupiastych oczach i ogromnej kościstej postawie czyni go strasznym. Podziwiają go też jak osobliwsze zwierzę. Jakich to Niemcy mają obrońców! Ten dopiero sprawi Francuzom! Bartek uśmiecha się z zadowoleniem, bo i on jest kontent, że Francuzów pobili. Nie przyjdą już przynajmniej do Pognębina, nie zbałamucą Magdy i nie zabiorą gruntu. Uśmiecha się tedy, ale ponieważ twarz boli go mocno, więc krzywi się zarazem i naprawdę jest straszny. Je za to z apetytem homerycznego bohatera.

Cependant, le train s'est arrêté à une grande station. Une masse humaine l'entoure subitement. Des nouvelles du théâtre de la guerre ! Une victoire ! Les dépêches sont arrivées quelques heures plus tôt. Tout le monde s'attendait à une défaite, et voici qu'on annonce un succès. Aussi la joie universelle ne connaît-elle plus de bornes. Les gens ont quitté leurs lits et sont accourus à moitié habillés vers la station. Sur les toits de certaines maisons, des drapeaux flottent déjà, et toutes les mains agitent des mouchoirs. On apporte aux wagons du tabac et des cigares. l'enthousiasme est au-dessus de toute description ; les faces sont radieuses. La « *Wacht am Rhein* » éclate comme un tonnerre. Les uns pleurent ; d'autres s'embrassent.

La joie entre à son tour dans le cœur des soldats, et eux aussi se mettent à chanter. Les wagons frémissent de la voix profonde des hommes, et la foule écoute avec surprise les mots qu'elle ne comprend pas.

— Les Polonais ! Les Polonais ! crie-t-on de toutes parts. Et les gens se rapprochent des wagons, commentant l'apparence des soldats, et raffermissant leur courage par ce qu'ils ont entendu dire de l'invincible bravoure des hommes du Nord.

Bartek a les joues enflées, et ses moustaches jaunes, ses yeux fixes, l'ossature puissante de son corps en font quelque chose de terrible. On le regarde comme une bête curieuse. Quels défenseurs les Allemands vont avoir ! Celui-là anéantira les Français ! Bartek sourit avec satisfaction ; il se sent heureux de ce qu'il vient d'entendre. Une victoire ! Alors les Français ne viendront pas à Pognembin ; ils n'enlèveront pas Magda. Il sourit, mais comme les coups qu'il a reçus lui font encore très mal, son sourire est une grimace horrible. Il mange toutefois avec l'appétit d'un héros d'Homère ;

Kiszki grochowe i kufle piwa znikają w jego ustach, jak w czeluści. Dają mu cygara, fenigi: bierze to wszystko.

— Dobry jakiś naród te Niemiaszki — mówi do Wojtka.

A po chwili dodaje:

— A widzisz, że Francuzów pobili!

Ale sceptyczny Wojtek rzuca cień na jego wesołość. Wojtek wróży, jak Kasandra:

— Francuzy zawdy naprzód dają się pobić, żeby zbałamucić, a potem jak się wezmą, aż wióry lecą!

Wojtek nie wie o tem, że zdanie jego podziela większa część Europy, a jeszcze mniej o tem, że cała Europa myli się z nim razem.

Jadą dalej. Wszystkie domy, jak okiem sięgnąć, pokryte chorągwiami. Na niektórych stacyach zatrzymują się dłużej, bo wszędy pełno pociągów. Wojsko ze wszystkich stron Niemiec śpieszy wzmocnić zwycięskich współbraci. Pociągi poubierane w zielone wieńce. Ułani zatykają na lance bukiety kwiatów, darowywane im po drodze. Między tymi ułanami większość także Polaków.

Nieraz słychać z wagonu do wagonu rozmowy i nawoływania:

— Jak się mata, chłopy! a gdzie Pan Bóg prowadzi?

Czasem z przelatującego po sąsiednich relsach pociągu zaleci znajoma piosnka:

Z tamtej strony Sandomierza
Mówi panna do żołnierza...

A wtedy Bartek i jego kamraci podchwytują w lot:

les saucisses et les chopes de bière disparaissent dans sa bouche comme dans une caverne. On lui donne des cigares, des pièces de cuivre ; il prend tout.

— C'est un bon peuple, ces Allemands, dit-il à Voitek.

Et au bout d'un certain temps, il ajoute :

— Et tu vois qu'ils ont battu les Français.

Le sceptique Voitek jette une ombre sur sa joie. Voitek est un prophète à la manière de Cassandre :

— Les Français se laissent toujours battre en commençant pour emmener leurs ennemis où ils veulent. Mais ensuite tu verras.

Voitek ne savait pas que la majeure partie de l'Europe partageait alors son opinion. Et ce qu'il savait encore moins, hélas ! c'est que toute l'Europe se trompait avec lui.

Ils repartirent. À partir de ce moment, toutes les maisons qui poussèrent devant eux étaient couvertes de drapeaux. À certaines stations on les retint longuement, car toutes étaient encombrées de trains. Les troupes se hâtaient de tous les points de l'Allemagne pour renforcer les premières divisions engagées. Les convois étaient ornés de couronnes vertes. Les uhlans avaient accroché à leurs lances des bouquets de fleurs qu'on leur avait donnés en route. Parmi eux la plupart étaient Polonais.

Des cris partaient des wagons :

— Qui êtes-vous, enfants ? Et où Dieu vous conduit-il ?

Quelquefois, d'un train filant sur une voie voisine partait le chant bien connu :

« *De l'autre rive de Sandomir*
« *La jeune fille appelle son soldat…* »

Bartek et ses camarades reprenaient alors :

Panie żołnierz, chodź pokochać.
Jeszczem nie jadł, Bóg ci zapłać!

O ile z Pognębina wszyscy wyjechali smutni, o tyle teraz pełni są zapału i ducha. Pierwszy pociąg z pierwszymi rannymi, przybywający z Francyi, psuje jednak to dobre usposobienie. Staje on w Deutz i stoi długo, by przepuścić te, które śpieszą na plac boju. Ale nim wszystkie przejdą przez most do Kolonii, potrzeba kilku godzin czasu. Bartek leci razem z innymi oglądać chorych i rannych. Niektórzy leżą w zamkniętych, inni dla braku miejsca w otwartych wagonach, i tych można widzieć dobrze. Po pierwszem spojrzeniu duch bohaterski Bartka ulatuje znowu na ramię.

— Chodźże tu, Wojtek! — woła z przerażeniem: — widzisz ino, ile te Francuzy napsowały narodu!

I jest na co patrzeć! Twarze blade, zmęczone; niektóre zczerniałe od prochu, lub bólu, powalane krwią. Na odgłosy ogólnej radości, ci odpowiadają tylko jękami. Niektórzy klną wojnę, Francuzów i Niemców. Usta spieczone i zczerniałe wołają co chwila wody; oczy poglądają jak błędne. Tu i owdzie między rannymi widać zesztywniałą twarz konającego, czasem spokojną z błękitnymi sińcami naokół oczu, czasem wykrzywioną przez konwulsye, z przerażonemi oczyma i wytrzeszczonymi zębami. Bartek po raz pierwszy widzi krwawe owoce wojny. W głowie jego znów powstaje zamęt, patrzy jak odurzony i stoi w tłoku z otwartemi ustami; popychają go na wszystkie strony; żandarm daje mu kolbą w kark. On szuka oczyma Wojtka, odnajduje go i mówi:

« Oh ! soldat, viens et aime-moi.
« Je n'ai pas encore mangé. Que Dieu te récompense ! »

Et de même que tous avaient quitté Pognembin la tristesse plein le cœur, de même étaient-ils maintenant pleins d'ardeur et d'enthousiasme. Le premier train revenant de France, chargé de blessé, les calma un peu, cependant. Ce train s'était arrêté à Deutz, et y restait longtemps, pour laisser passer ceux qui se hâtaient vers le combat. Mais avant que tous eussent pu traverser le pont qui conduit à Cologne, des heures s'étaient consumées. Bartek s'élança comme les autres pour voir les malades et les blessés. Les uns grisaient dans des wagons fermés, et les autres, faute de place, sur des trucs à marchandises. On les voyait nettement, ceux-là. Et le premier regard qu'il leur jeta ôta une fois encore à Bartek tout son courage.

— Viens, Voitek, criait-il avec terreur,. Vois combien ces Français en ont massacré.

C'était en effet un spectacle inoubliable. Des faces maigres et souffrantes, noires de douleur ou de poudre, et couvertes de sang, qui ne répondaient à l'allégresse générale que par des gémissements. Tous maudissaient la guerre. Des lèvres parcheminées et sèches criaient et demandaient à boire ; les yeux regardaient comme des yeux de fous. Çà et là, parmi les blessés, se distinguait le visage plus livide encore d'un mourant, calme quelquefois, un cercle violet autour des yeux, et parfois ravagé par les suprêmes convulsions, avec un regard sauvage et des dents grinçantes. Bartek voyait, pour la première fois, les fruits sanglants de la guerre. Un nouveau chaos s'amoncelait dans sa tête ; il regardait devant lui comme un homme stupéfié, et restait immobile, la bouche ouverte ; on le poussait de toutes parts. Il vit enfin Voitek et lui dit :

— Wojtek, bój się Boga! o!

— Będzie tak i z tobą.

— Jezus Marya! I to się ludziska tak mordują! Toć jak chłop chłopa pobije, to go żandarmy biorą do sądu i karzą!

— No, a teraz ten lepszy, kto więcej ludzisków napsuje. Cóżeś głupi myślał, że będziesz prochem strzelał, jak na manewrach, alboli też do tarczy, nie do ludzi?

Tu okazała się widocznie różnica między teoryą a praktyką. Nasz Bartek był przecie żołnierzem, chodził na manewry i musztry, strzelał, wiedział, że wojna od tego, by się zabijać, a teraz, jak zobaczył krew rannych, nędzę wojny, zrobiło mu się tak jakoś niedobrze i ckliwo, że ledwie się mógł na nogach utrzymać. Nabrał znów uszanowania dla Francuzów, które zmniejszyło się dopiero wtedy, gdy przejechali z Deutz do Kolonii. Na centralnym banhofie ujrzeli po raz pierwszy jeńców. Otaczało ich mnóstwo żołnierzy i ludu, który patrzał na nich z dumą, ale jeszcze bez nienawiści. Bartek przedarł się przez tłum, rozpychając go łokciami, spojrzał na wagon i zdziwił się.

Gromada francuskich piechurów w podartych płaszczach, małych, brudnych, wynędzniałych, napełniała wagon jak śledzie beczkę. Wielu z nich wyciągało ręce po szczupłe datki, jakimi obdzielał ich tłum, o ile straże nie stawiały przeszkody. Bartek, wedle tego co słyszał od Wojtka, zgoła inne o Francuzach miał wyobrażenie. Duch z ramienia wstąpił mu napowrót w piersi. Obejrzał się, czy Wojtka niema. Wojtek stał obok.

— Voitek ! Que Dieu nous garde ! oh !

— Voilà comment tu seras bientôt, toi aussi.

— Jésus Marie ! Et c'est ainsi que les hommes s'arrangent les uns les autres ! Et cependant, dans nos villages quand un homme frappe un autre, la police l'emmène et le tribunal le punit.

— Peut-être. Mais à présent le meilleur est celui qui en tue le plus. Croyais-tu donc, stupide, que nous allions brûler de la poudre comme aux manœuvres ou à la chasse ? Non ! ce sont des hommes qu'il faut abattre, maintenant.

Il y a en effet une grande différence entre la théorie et la pratique. Notre Bartek était soldat, cependant ; il avait été aux appels ; il avait tiré des coups de fusil et savait qu'en guerre les hommes se tuent les uns les autres, mais maintenant qu'il voyait le sang des blessés, les misères de la guerre, il se sentait si malade et si faible qu'il se tenait à peine sur ses jambes. Il acquérait un respect nouveau pour la France, et ce respect ne diminua qu'en arrivant à la station centrale de Cologne. Là se tenaient des prisonniers entourés par une multitude de soldats, et par une foule qui les regardait avec importance, mais sans haine encore. Bartek se fit un chemin en jouant des coudes ; il regarda un wagon et fut surpris.

Un groupe de soldats d'infanterie, les vêtements déchirés, des hommes petits, sales, souffrants, emplissaient les compartiments comme des sardines emplissent une boîte. La plupart d'entre eux tendaient les mains vers les menus présents que le public lançait par dessus la tête des gardes. Bartek, d'après ce que lui avait dit Voitek, se faisait une tout autre idée des Français. Le courage revint dans sa poitrine. Il chercha Voitek, qui d'ailleurs était près de lui.

— Cóżeś gadał? — pyta Bartek: — dyć to chmyzy! Jakbym jednego bez łeb lunął, toby się ze czterech wywróciło.

— Musi jakoś zmarnieli — odrzekł również rozczarowany Wojtek.

— Po jakiemu oni szwargocą?

— Juści nie po polsku.

Uspokojony pod tym względem, Bartek poszedł dalej wzdłuż wagonów.

— Straszne kapcany! — rzekł, skończywszy przegląd wojsk liniowych.

Ale w następnych wagonach siedzieli żuawi. Ci więcej dali Bartkowi do myślenia. Z powodu, że siedzieli w wagonach krytych nie można było sprawdzić, czy każdy jest chłop, jak dwa albo trzy razy zwyczajny człowiek, ale przez okna widać było długie brody i marsowate, poważne twarze starych żołnierzy o ciemnej cerze i błyszczących groźnie oczach. Duch Bartka znowu skierował się ku ramionom.

— Te straszniejsze — szepnął cicho, jakby się bał, by go nie słyszeli.

— Jeszcześ nie widział tych, co się nie dali wziąć — odparł Wojtek.

— Bójże się Boga!

— Obaczysz.

Napatrzywszy się żuawom, poszli dalej. Zaraz przy następnym wagonie Bartek rzucił się w tył jak oparzony.

— O, rety! Wojtek, ratuj!

W otwartem oknie widać było ciemną, prawie czarną twarz turkosa z przewróconemi białkami oczu. Musiał być ranny, bo twarz wykrzywiła mu się cierpieniem.

— A co? — rzecze Wojtek.

— Qu'est-ce que tu me disais donc ? Ce sont de pauvres compagnons. Si j'en frappais un, j'en tuerais trois autres en même temps.

— Ils ont dû diminuer, répondit Voitek également désappointé.

— Quelle langue parlent-ils ?

— Certainement pas le polonais.

Satisfait à cet égard, Bartek continua son inspection des wagons.

— Misérables compagnons ! murmurait-il de temps à autre.

Mais après l'infanterie venaient des zouaves. Ceux-ci firent réfléchir Bartek. Comme ils étaient assis dans des wagons fermés, il était impossible de déterminer leur taille, mais à travers les vitres, on distinguait très bien leurs longues barbes et leur air guerrier, leurs faces sérieuses de vieux soldats, leur teint bronzé et leurs yeux qui luisaient terriblement. Le courage de Bartek subit un nouvel assaut.

— Ceux-ci sont plus dangereux, dit-il.

— Tu n'as pas encore vu ceux qui ne se laissent pas battre.

— Que Dieu m'en garde !

— Tu les verras.

Quand ils eurent assez regardé les zouaves, ils allèrent plus loin. Et tout à coup Bartek fit un saut en arrière comme s'il venait d'être brûlé par un fer rouge.

— Au secours ! Voitek, sauve-moi !

À une fenêtre ouvert se voyait la face sombre, presque noire, d'un turco, avec le blanc de ses yeux retourné. Il devait avoir été blessé, car son visage était tordu par la souffrance.

— Qu'est-ce que c'est que ça ? demanda Voitek.

— To złe, nie żołnierz... Boże, bądź miłościw mnie grzesznemu!

— Spojrzyj ino, jakie on ma zębiska.

— A niech go wciornaści! ja tam nie będę na niego patrzał.

Bartek umilkł, po chwili jednak spytał:

— Wojtek!

— Czego?

— A żeby takiego przeżegnać, czyby nie pomogło?

— Pogany na świętą wiarę nie mają wyrozumienia.

Dano znak do siadania.

Po chwili pociąg ruszył. Gdy ściemniło się, Bartek widział ciągle przed sobą czarną twarz turkosa i straszne białka jego oczu. Z uczuć, które w tej chwili ożywiały tego pognębińskiego wojownika, niewiele możnaby wywróżyć o jego przyszłych czynach. ❖

— C'est un démon, ce n'est pas un soldat ! Que Dieu me pardonne mes péchés !

— Mais regarde ! Quelles dents il a !

— Oh ! que le diable l'emporte ! Je ne veux plus le voir !

Bartek resta quelques instants silencieux. Puis il dit :

— Voitek ?

— Quoi ?

— Si un de ceux-là était baptisé, est-ce que cela le sauverait ?

— Les païens ne peuvent pas comprendre la sainte foi.

L'ordre dut donné de remonter en wagon.

Au bout d'un certain temps le train repartit. Quand il fit sombre, Bartek voyait continuellement devant lui la face noire du Turco, et le blanc terrible de ses yeux. Des sentiments qui possédaient à cette heure le guerrier de Pognembin, on aurait difficilement prophétisé ses futurs exploits. ■

4

*B*liższy udział w walnej rozprawie pod Gravelotte początkowo przekonał Bartka tylko o tem, że w bitwie jest się na co gapić, a niema co robić. Z początku bowiem kazano stać i jemu, i jego pułkowi z karabinem u nóg, u stóp wzgórza pokrytego winogradem. Zdala grały armaty, zblizka przelatywały pułki konne z tętentem, od którego się ziemia trzęsła; migotały to chorągiewki, to kirasyerskie miecze. Nad wzgórzem po błękitnem niebie przelatywały z sykiem granaty w kształcie białych obłoczków, potem dym napełnił powietrze i zasłonił horyzont. Zdawało się, że bitwa, jak burza, przechodzi stronami, ale trwało to niedługo.

Po pewnym czasie dziwny jakiś ruch powstał koło Bartkowego pułku. Poczęły koło niego stawać inne pułki, a w przerwy pomiędzy nimi nadbiegały, co koń wyskoczy, armaty, które wyprzęgano na gwałt i obracano paszczami ku wzgórzu. Cała dolina napełniła się wojskiem. Teraz na wszystkie strony grzmią komendy, latają adjutanci. A nasi szeregowcy szepcą sobie do ucha:

— Oj! będziesz nam, będzie! — lub pytają jeden drugiego z niepokojem:

— Czy to już się zacznie?

— Zapewne już.

4

Une certaine part de l'engagement général de Gravelotte convainquit d'abord Bartek d'une chose... c'est que dans une bataille il y a beaucoup à regarder, mais pas beaucoup à faire. Pour commencer, lui et son régiment reçurent l'ordre de se tenir l'arme au pied au bas d'une colline couverte de vignes. A distance, le canon tonnait ; plus près, des régiments de cavalerie passaient en faisant trembler la terre, des fanions claquaient, des sabres de cuirassiers choquaient les éperons. Au-dessus de la colline, dans le ciel bleu, des obus éclataient, répandant de petits nuages blancs ; la fumée cachait l'horizon. Il semblait que la bataille dût passer à côté. Mais ce doute ne dura pas longtemps.

Au bout d'un certain temps, des mouvements surprenant se produisirent autour du régiment de Bartek. D'autres régiments commencèrent à prendre place auprès de lui, et dans les intervalles qu'ils laissaient, des canons furent amenés à toute vitesse, la gueule tournée vers le sommet de la colline. La vallée entière se remplit de troupes. De toutes parts des commandements se croisaient. Les Polonais, dans le rang, se murmuraient de l'un à l'autre :

— C'est notre tour.

— Ça va commencer.

— Tu crois ?

Oto zbliża się niepewność, zagadka, może śmierć...
W dymie, który zasłania wzgórza, wre coś i kotłuje się
strasznie. Słychać coraz bliżej basowy huk dział i stukotanie
karabinowego ognia. Zdala dochodzi jakby niewyraźny
jakiś trzask: to kartaczownice już słychać. Nagle, jak hukną
dopiero co postawione armaty, aż ziemia i powietrze
zadygotały razem. Przed Bartkowym pułkiem zasyczało
strasznie. Spojrzą: leci niby róża jasna, niby chmurka, a w
tej chmurce coś syczy, śmieje się, zgrzyta, rży i wyje. Chłopi
wołają: „Granat! granat!" Tymczasem pędzi ten ptak wojny,
jak wicher, zbliża się, spada, pęka! Huk straszny rozdarł
uszy, łoskot jakby się świat walił, i pęd jakby od uderzenia
wiatru. Zamieszanie powstaje w szeregach, stojących w
pobliżu armat, rozlega się krzyk i komenda: „Szlusuj!"

Bartek stoi w pierwszym szeregu, karabin przy ramieniu,
łeb do góry, broda podpięta, więc zęby nie kłapią. Nie
wolno drgnąć, nie wolno strzelać. Stać! Czekać! Aż tu
leci drugi granat, trzeci, czwarty, dziesiąty... Wicher
zwiewa dym ze wzgórza. Francuzi już spędzili z niego
baterye pruskie, już postawili swoje i teraz zieją ogniem
na dolinę. Co chwila z gęstwy winogradu wyskakują
długie, białe rzuty dymu. Piechota pod zasłoną armat
zstępuje coraz niżej, by rozpocząć ręczny ogień. Są już
w połowie wzgórza. Teraz widać ich doskonale, bo wiatr
odrzuca dymy. Czy winograd zakwitł makiem? Nie,

Et une incertitude planait, peut-être l'attente de la mort. Dans la fumée qui couvrait le sommet du monticule, quelque chose claquait et broyait terriblement. La rumeur des canons s'approchait de plus en plus, ainsi que le bruit continuel de la fusillade. Du lointain venait comme un claquement indéfini, celui des mitrailleuses. Soudain, les pièces d'artillerie nouvellement placées se mirent à tonner, et la terre trembla. Devant le régiment de Bartek il y eut un sifflement terrible. Tout le monde regarda : quelque chose s'enlevait, brillant et rose, enveloppé d'un nuage, et dans ce nuage quelque chose ronflait, riait, grinçait, hennissait et hurlait. Les hommes criaient : « Une grenade ! Une grenade ! » Alors cet oiseau de guerre, avec l'impétuosité d'un ouragan, s'approchait, tombait, éclatait ! Un bruit terrible déchirait les oreilles, une explosion à faire croire que la Terre sautait, et l'air était chassé dans un souffle de violence. Le désordre se mettait dans les rangs autour des canons, puis un cri, un commandement : « Attention ! »

Bartek se trouvait au premier rang. Son fusil à l'épaule, la tête droite, la barbe immobile, et ses dents ne claquaient pas. Il n'était pas permis de trembler ; il n'était pas permis de faire feu. Debout ! halte ! La seconde grenade arrive, puis la troisième, puis la quatrième, puis la dixième. Le vent chasse la fumée de la colline. Les Français ont repoussé de là les batteries prussiennes, et ils y ont placé les leurs, qui vomissent maintenant du feu dans la vallée. À chaque instant, de longues colonnes de fumée partent de la vigne. L'infanterie, sous le feu des canons descend la côte, plus bas, toujours plus bas, et commence à tirer. On la voit parfaitement. Est-ce que la vigne se serait subitement couverte de coquelicots ? Non.

to czerwone czapki piechurów. Naraz nikną między wysoką łoziną winną, nie widać ich; gdzieniegdzie tylko wieją trójkolorowe chorągwie. Ogień karabinowy rozpoczyna się szybki, gorączkowy, nieregularny, wybuchający nagle w coraz innych miejscach. Nad tym ogniem wyją ciągle granaty i krzyżują się w powietrzu. Na wzgórzu czasem wybuchną okrzyki, którym z dołu odpowiada niemieckie: „hurra!" Armaty z doliny huczą nieprzerwanym ogniem. Pułk stoi niewzruszony.

Sfera ognia poczyna go jednak z kolei obejmować. Kule bzykają niby muchy, niby bąki zdaleka, lub przelatują ze strasznym świstem w pobliżu. Coraz ich więcej: oto świszczą koło głów, nosów, oczu, ramion, idą ich tysiące, miliony. Dziw, że jeszcze ktoś stoi na nogach. Nagle tuż za Bartkiem odzywa się jęk: „Jezu!" potem: „Szlusuj!" znów: „Jezu!" — „Szlusuj!" Wreszcie jęk już nieprzerwany, komenda coraz śpieszniejsza, szeregi ściskają się, świst coraz częstszy, nieustający, okropny. Zabitych wyciągają za nogi. Sąd Boży!

— Boisz się? — pyta Wojtek.

— Co się nie mam bać?... — odpowiada nasz bohater, szczękając zębami.

A jednak stoją obaj, i Bartek, i Wojtek, i nawet do głowy im nie przychodzi, że możnaby zemknąć. Kazali im stać i kwita! Bartek kłamie. Nie boi on się tak, jakby tysiące innych bało się na jego miejscu. Dyscyplina panuje nad jego wyobraźnią, a wyobraźnia nie maluje mu nawet tak okropnem położenia, jak ono jest. Bartek jednak sądzi, że go zabiją, i powierza tę myśl Wojtkowi.

Ce sont les képis des fantassins. Tout a coup ils disparaissent dans le feuillage ; on ne voit plus que leur drapeau aux trois couleurs. La mousqueterie commence, rapide, fiévreuse, irrégulière ; elle éclate à chaque instant à des endroits nouveaux. Au dessus de ce bruit, le sifflement des grenades continue, elles se croisent en l'air. Sur la colline des explosions se suivent, saluées par les cris de joie des Allemands. Le canon de la vallée gronde sans interruption. Les régiments sont toujours immobiles.

Le cercle de feu, cependant, commence à les enclore par les flancs. Les balles bourdonnent comme de grosses mouches ou passent en sifflant. À chaque instant elles augmentent de nombre... Elles fourmillent autour des têtes, des nez, des yeux, des épaules des hommes ; elles viennent par milliers, par millions. C'est un miracle qu'un soldat soit encore debout. Soudain, derrière Bartek un gémissement: « Jésus ! » Puis un commandement : « Serrez ! » Puis, de nouveau : « Jésus ! » Puis, de nouveau : « Serrez ! » Enfin, c'est une plainte ininterrompue, et le commandement devient plus rapide. Les rangs se serrent ; les commandements deviennent encore plus fréquent. Les morts sont tirés de la ligne par les pieds. L'heure du jugement dernier est arrivé.

— Tu as peur ? dit Voitek.

— Pourquoi n'aurais-je pas peur ? répond Bartek.

Et tous les deux se tiennent là, Bartek et Voitek, et il ne leur vient même pas à l'idée qu'ils pourraient s'enfuir. On leur a ordonné de rester là, et c'est tout. Bartek ne disait d'ailleurs pas la vérité. Il n'était pas aussi effrayé que des milliers d'autres l'auraient été à sa place. La discipline était chez lui plus forte que l'imagination, et son imagination ne lui peignait pas la situation dans toute son horreur. Cependant, il pensait bien pouvoir être tué, et il fit part de cette pensée à Voitek.

— Dziury w niebie nie będzie, jak jednego kpa zabiją!
— odpowiada rozdraźnionym głosem Wojtek.

Słowa te uspokajają Bartka znacznie. Zdawałoby się, że
głównie chodziło mu o to, czy się dziura w niebie nie zrobi?
Uspokojony pod tym względem, stoi cierpliwiej, czuje tylko
okropne gorąco i pot zlewa mu twarz. Tymczasem ogień
staje się tak straszny, że szeregi topnieją w oczach. Zabitych
i rannych niema już kto wyciągać. Chrapanie konających
miesza się ze świstem pocisków i hukiem wystrzałów.
Po ruchu trójbarwnych chorągwi widać, że ukryte w
winnicy piechury zbliżają się coraz bardziej. Stada kartaczy
dziesiątkują szeregi, które poczyna ogarniać rozpacz.

Ale w odgłosach tej rozpaczy czuć pomruk
zniecierpliwienia i wściekłości. Gdyby kazano im iść
naprzód, poszliby jak burza. Nie mogą tylko ustać na
miejscu. Jakiś żołnierz zrywa nagle czapkę z głowy, ciska ją
z całą siłą o ziemię i mówi:

— Raz kozie śmierć!

Ziemia pod ich nogami staje się już miękka i ślizka
od krwi, której surowy zapach miesza się z wonią dymu.
W niektórych miejscach szeregi nie mogą się zewrzeć, bo
trupy czynią w nich przerwy. U nóg tych ludzi, którzy
jeszcze stoją, druga połowa leży we krwi, w jękach, w
konwulsyach, w konaniu, lub w ciszy śmierci. Oddechom
braknie powietrza. W szeregach powstaje szmer.

— Na rzeź nas przywiedli!

— Nikt nie wyjdzie!

— *Still, polnisches Vieh!* — odzywa się głos oficera.

— Il n'y aura pas un trou dans le ciel si un fou comme toi est tué, lui répondit Voitek.

Et cette réponse le calma considérablement. Il lui semblait maintenant que la question la plus importante était de savoir s'il y avait un trou dans le ciel. Il se tint immobile et plus calme, mais il avait terriblement chaud, et la sueur coulait à grosse gouttes sur son visage. Cependant le feu devenait si meurtrier que les rangs avaient l'air de fondre devant ses yeux… Il n'y avait personne pour emporter les morts et les blessés, leurs gémissements se mêlait au ronflement des obus et au sifflement de la fusillade. Par les mouvement du drapeau tricolore, on pouvait juger que l'infanterie, dissimulée dans la haute vigne, avançait d'instant en instant. Le groupe des mitrailleuses décimait les rangs, que le désespoir allait saisir.

Mais ce désespoir était fait surtout d'impatience et de rage. On sentait que si l'ordre était donné à ces hommes d'avancer, ils s'élanceraient comme un ouragan. Mais ils ne peuvent plus tenir en place. Un soldat jette son casque à terre tout à coup, et s'écrie :

— Du sang ! du sang !

Le sol, sous les pieds du régiment polonais, était imbibé de sang ; l'odeur de la mort se mêlait à l'odeur de la poudre. A certains endroits, il était devenu impossible de serrer les rangs, car les cadavres tenaient tout le terrain. Aux pieds de ces hommes qui se tenaient encore debout et immobiles, l'autre moitié du régiment gisait dans le sang, gémissant, mourant ou saisie par les convulsions de la mort. L'air manquait aux poitrines. Des murmures menaçants couraient :

— On nous a amenés ici pour nous y faire massacrer.

— Personne ne sortira d'ici !

— Silence ! brutes de Pologne ! criait la voix d'un officier.

Nagle jakiś głos poczyna mówić:

— Pod Twoją obronę...

Bartek podchwytuje natychmiast:

— Uciekamy się, Święta Boża Rodzicielko!

I wkrótce chór polskich głosów na tem polu zagłady woła oto do Patronki Częstochowskiej: „Naszemi prośbami nie racz gardzić!" A z pod nóg wtórują im jęki: „O Maryo, Maryo!"

I wysłuchała ich widocznie, bo w tej chwili na spienionym koniu przybiega adjutant, rozlega się komenda:

„Do ataku broń! hurra, naprzód!"

Grzebień bagnetów pochyla się nagle, szereg wyciąga się w długą linię i rzuca się ku wzgórzom szukać bagnetem tych nieprzyjaciół, których nie mogły dostrzedz oczy. Wszelako od stóp wzgórza dzieli naszych chłopów jeszcze ze dwieście kroków, i przestrzeń tę muszą przebyć pod morderczym ogniem... Czy nie wyginą do reszty? czy się nie cofną? Wyginąć mogą, ale się nie cofną, bo komenda pruska wie, na jaką nutę grać tym polskim chłopom do ataku. Wśród ryku dział, wśród karabinowego ognia, dymu i zamieszania i jęków, głośniejszym nad wszystkie trąby i trąbki biją w niebo hymnem, od którego każda kropla krwi skacze w ich piersiach:

„Hurra!" odpowiadają Maćki. „Póki my żyjemy!" Ogarnia ich zapał, płomień bije im na twarze. Idą jak burza przez zwalone ciała ludzkie, końskie, przez złomy armatnie. Giną, ale idą z krzykiem i śpiewem. Już dobiegają krańca winnicy, nikną w zaroślach.

Tout à coup, une voix prononça :

— Sous ta protection…

Bartek continua :

— Nous nous plaçons aujourd'hui, ô Sainte Mère de Dieu !

Et bientôt un chœur de voix polonaises en appelait, sur ce champ de carnage, à l'aide de la « Vierge de Chenstohova ». Et, de sous les pieds des vivants, les mourants répondaient : « Ô ! Marie ! Ô ! Marie ! »

Elle les entendit évidemment, car à cette minute même, un officier arrivait sur un cheval couvert d'écume, et criait :

— À l'attaque ! Hourrah ! En avant !

La rangée des baïonnettes s'abattit soudain, les rangs formèrent une longue ligne qui s'élança vers la colline pour chercher à la pointe de l'arme l'ennemi qu'on ne pouvait voir avec les yeux. Mais du pied de cette colline, les Polonais étaient séparés encore par plus de deux cents mètres, et cette distance devait être franchie sous un feu meurtrier. Seraient-ils massacrés jusqu'au dernier homme ou bien ne courraient-ils pas ? Ils pouvaient être tous exterminés, mais ils ne reculeraient pas, car les officiers prussiens savaient de quelle note jouer pour cette attaque. Parmi la rumeur des canons, parmi la fusillade, la fumée, la confusion, les gémissements, plus haut que tout, éclate l'hymne qui fait bouillir le sang dans la poitrine de tous les Polonais : « La Pologne n'est pas perdue ! »

— Hourrah ! Tant que nous sommes vivants ! répondent les soldats enthousiasmés. Une flamme s'est allumée sur leurs visages. Ils courent comme un ouragan par-dessus les cadavres des chevaux et des hommes, par dessus les débris d armes et de canons. Ils périssent, mais s'élancent avec de nouveaux cris et de nouveaux chants. Ils ont presque atteint déjà le haut de la vigne. Ils y disparaissent.

Śpiew tylko brzmi, czasem błyśnie bagnet. Na górze wre ogień coraz straszniejszy. Na dole trąbki wciąż grają. Salwy francuskich wystrzałów stają się śpieszniejsze, jeszcze śpieszniejsze, gorączkowe i nagle...

Nagle milkną.

Tam na dole stary wilk wojny, Steinmetz, zapala porcelanową fajkę i mówi z akcentem zadowolenia:

— Im tylko to grać! Doszli zuchy! Nie żartują! — mówi Steinmetz.

Trąby grają znowu ten sam hymn. Drugi pułk poznański idzie w pomoc pierwszemu.

W gęstwinie wre bitwa na bagnety.

Teraz, Muzo, śpiewaj mojego Bartka, aby potomność wiedziała co czynił. Oto i w jego sercu strach, niecierpliwość, rozpacz zlały się w jedno uczucie wściekłości; a gdy usłyszał ową muzykę, to każda żyłka wyprężyła się w nim, jak drut żelazny. Włos stanął mu dębem, z oczu skry poszły. Zapomniał o świecie, o tem, że "raz kozie śmierć", i chwyciwszy w potężne łapy karabin, skoczył z innymi naprzód. Dobiegłszy wzgórza, przewrócił się z dziesięć razy na ziemię, stłukł sobie nos, powalał się ziemią i krwią, która mu z nosa pociekła, i biegł naprzód, wściekły, zziajany, chwytając w otwarte usta powietrze. Wytrzeszczał oczy, by w gęstwinie zobaczyć jak najprędzej jakiegoś Francuza, i dojrzał ich wreszcie trzech naraz przy chorągwi. Byli to turkosy. Ale czy myślicie, że Bartek się cofnął? Nie! onby teraz samego Lucypera brał za rogi!

Dopadł już do nich, i oni z wyciem rzucili się ku niemu; dwa bagnety, jak dwa żądła, już, już tykają

Mais l'hymne s'en élève. En même temps, leurs baïonnettes luisent. Au sommet de la colline le feu a terriblement augmenté. Dans la plaine, les trompettes sonnent ses interruption. Les décharges françaises deviennent, de plus en plus rapides, fiévreuses. Et soudain...

Et soudain tout se tait.

Dans la vallée, Steinmetz - ce vieux loup de guerre - allume une pipe de porcelaine et dit avec satisfaction :

— On en fait tout ce qu'on veut, avec cette musique. Ils ont enlevé la position ; il ne faut pas plaisanter avec eux.

Les trompettes entament à nouveau l'hymne. Un second régiment polonais court à l'aide du premier.

Dans la vigne, un sanglant combat à la baïonnette s'engage.

Ô ! Muse ! chante maintenant mon Bartek, afin que la postérité sache ce qu'il a fait. Dans son cœur, la peur, la terreur, l'impatience, le désespoir s'étaient transformés en un seul sentiment : la rage. Et quand il entendit l'hymne de son pays, il n'y avait pas un seul nerf dans tout son corps qui ne fût tendu à se rompre. Ses cheveux s'étaient dressés ; des étincelles partaient de ses yeux. Il oublia le monde... Il oublia que la mort pouvait venir, et, saisissant son fusil dans ses mains puissantes, il s'élança devant les autres. Quand il fut arrivé à la colline, il tomba au moins dix fois, s'écorcha le visage, se couvrit de terre et de sang, et se remit à courir, fou, haletant, aspirant l'air à bouche grande ouverte. Il fouillait des yeux la vigne, cherchant les ennemis. Il en découvrit trois autour d'un drapeau. C'étaient des Turcos. Vous pensez que Bartek eut peur ? Non ! Il aurait saisi Lucifer lui-même par les cornes, à ce moment.

Il s'élança vers les trois hommes, et eux-mêmes, avec un hurlement, s'élancèrent vers lui. Deux baïonnettes touchaient

jego piersi, a mój Bartek jak złapie za karabin z cienkiego
końca, niby kłonicę, jak machnie, jak poprawi... Wrzask
tylko odpowiedział mu straszny, jęk — i dwa czarne ciała
poczęły drgać konwulsyjnie na ziemi.

W tej chwili trzeciemu, który trzymał chorągiew,
podbiegło na pomoc z dziesięciu towarzyszów. Bartek, jak
furya, rzucił się na wszystkich razem. Dali ognia — błysnęło,
huknęło, i jednocześnie w kłębach dymu zagrzmiał chrapliwy
ryk Bartka:

— Chybiliśta!

I znów karabin w jego ręku zatoczył łuk straszliwy, znów
jęki odpowiedziały ciosom. Turkosi cofnęli się w przerażeniu
na widok tego oszalałego ze wściekłości olbrzyma, i czy się
Bartek przesłyszał, czy też wołali coś po arabsku, dość, że
wyraźnie mu się zdawało, iż z ich szerokich warg wychodzi
krzyk:

— „Magda! Magda!"

— Magdy wam się chce! — zawył Bartek i jednym
skokiem był w środku nieprzyjaciół.

Szczęściem w tej chwili Maćki, Wojtki i inni Bartkowie
przybiegli mu na pomoc.

Wśród gęstwiny winogradu zawiązała się bitwa ściśniona
i tłumna, której wtórował trzask karabinów, świst nozdrzy
i gorączkowy oddech walczących. Bartek szalał, jak
burza. Osmalony dymem, oblany krwią, podobniejszy do
zwierzęcia, niż do człowieka, nie pamiętny na nic, każdem
uderzeniem przewracał ludzi, łamał karabiny, rozwalał głowy.
Ręce jego poruszały się straszną szybkością machiny, siejącej
zniszczenie. Dotarłszy do chorążego, chwycił go żelaznymi
palcami za gardło.

déjà sa poitrine ; mais Bartek saisit son fusil par le canon, comme une massue, et se mit à en faire un moulinet terrible. Il frappa. Un gémissement répondit à ses coups, et deux corps noirs s'abattirent, saisis des convulsions de la mort.

À ce moment, dix hommes accouraient au secours de celui qui portait le drapeau, et qui était debout encore. Bartek s'élança contre eux tous. Ils firent feu ; un tourbillon de fumée enveloppa Bartek, et il cria :

— Manqué !

Le terrible fusil recommença son moulinet ; de nouveaux gémissements répondirent à ses coups. Les Turcos l'entouraient ; ils poussaient dans leur langue de cris gutturaux. Bartek crut comprendre :

— Magda ! Magda !

La rage du Polonais devint de la folie.

— Ah ! vous voulez Magda l hurla-t-il. Et il se jeta au plus fort de la mêlée.

Heureusement, un assez grand nombre de Matsek, Voitek et autres Bartek se hâtait a son aide.

Au milieu de la vigne, une bataille corps à corps commença, accompagnée de coups de fusils, de sifflements de respirations haletantes, des cris furieux des combattants. Bartek avançait comme un ouragan. Noir de fumée, couvert de sang, plus semblable à une bête qu'à un homme, ne faisant attention à rien, il renversait un homme à chacun de ses coup, brisait des fusils et écrasait des têtes. Cette lutte sauvage dura longtemps, et elle coûta des deux parts la vie à bien des combattants. Quand elle fut terminée, Bartek, sanglant des pieds à la tête, était en possession d'un drapeau qu'il avait pris lui-même et caché dans sa poitrine. En outre, il était assis sur un canon dont il avait assommé les défenseurs à l'aide de son terrible fléau.

Oczy chorążego wyszły na wierzch, twarz nabrzmiała, zacharczał, i ręce jego puściły drzewiec.

— Cóżeś gadał? Toć to robactwo: siły w kosciach nijakiej nie ma. Podrapały ta mnie i ciebie, jak kociaki, ale i tyla. A com którego lunął, to ci o ziemię...

— Kto cię wiedział, żeś taki zawzięty! — odparł Wojtek, który widział czyny Bartka i począł patrzeć na niego zgoła innemi oczyma.

Ale któż tych czynów nie widział? Historya, cały pułk i większość oficerów. Wszyscy spoglądali teraz na tego olbrzymiego chłopa, o rzadkich płowych wąsach i wyłupiastych oczach z podziwem.

— Ach! Sie verfluchter Polake! — powiedział mu sam major i pociągnął go za ucho, a Bartek aż mu trzonowe zęby pokazał z radości Gdy pułk znów stanął u stóp wzgórza, major pokazał go pułkownikowi, a pułkownik samemu Steinmetzowi.

Ten obejrzał sztandary i kazał je zabrać, poczem począł oglądać Bartka. Mój Bartek stoi znów wyciągnięty jak struna i prezentuje broń, a stary generał patrzy na niego i kręci głową z zadowoleniem. Na koniec zaczyna coś mówić do pułkownika. Słychać wyraźnie słowo: *Unteroffizier.*

— *Zu dumm, Excellenz!* — odpowiada major.

— Spróbujmy — mówi Jego Ekscelencya, i zwracając konia, zbliża się do Bartka.

Bartek sam już nie wie, co się z nim dzieje. Rzecz niesłychana w pruskiej armii: generał będzie rozmawiał z szeregowcem! Jego Ekscelencyi przyjdzie to tem łatwiej, że umie po polsku. Zresztą szeregowiec ten zdobył trzy sztandary i dwie armaty.

— Skąd jesteś? — pyta generał.

— Z Pognębina — odpowiada Bartek.

Un rayon de gloire brillait dans ses yeux.

— Qu'est-ce que tu me racontais ? disait-il à Voitek, qui se tenait auprès de lui, sanglant et déchiré. J'ai pris un canon. J'ai pris un drapeau et j'en ai fait prendre deux autres. Tes Français !

— Qui aurait dit que tu étais si venimeux ? lui répondait Voitek qui avait assisté aux hauts faits du géant, et qui le regardait à présent avec des yeux admiratifs.

D'ailleurs, Voitek seul n'avait pas vu les prouesses de Bartek. L'histoire, le régiment, la plupart des officiers, tout le monde considérait, non sans surprise, ce géant aux moustaches jaunes et aux yeux fixes.

Le major, lui-même, le prit par une oreille, et Bartek grinça des dents de délice. Quand le régiment eut été réformé en ligne au pied de la colline, le major le montra au colonel, et le colonel à Steinmetz lui-même.

Steinmetz regarda les drapeaux et ordonna de tes prendre. Puis il regarda Bartek. Celui-ci tremblait d'émotion en présentant les armes, mais le vieux général le considérait avec satisfaction. Enfin il dit quelque chose au colonel. Le mot : *underoffizier* (sous-officier) fut entendu.

— *Zu dumm, Excellenz* (trop bête, votre Excellence), répondit le colonel.

— Essayons, dit encore Steinmetz. Et il se tourna vers Bartek.

Celui-ci ne savait pas ce qui allait lui arriver, car c'est une chose inconnue dans l'armée allemande qu'un général parlant à un simple soldat. Mais Steinmetz le faisait parce qu'il connaissait le polonais, et parce que Bartek avait pris trois drapeaux et un canon.

— D'où es-tu ? demanda--t-il.

— De Pognembin.

— Dobrze. Imię twoje?

— Bartek Słowik.

— *Mensch...* — tłómaczy major.

— *Mens!* — powtarza Bartek.

— Wiesz, za co bijesz Francuzów?

— Wiem, Celencyjo...

— Powiedz!

Bartek zaczyna się jąkać:

„Bo... bo..."

Nagle słowa Wojtka przychodzą mu szczęśliwie na pamięć, wybucha więc prędko, by nie przekręcić:

— Bo to także Niemcy, tylko ścierwa gorsze!

Twarz starej Ekscelencyi zaczyna tak drgać, jakby Jego Ekscelencya miała ochotę wybuchnąć śmiechem. Po chwili jednak jego Ekscelencya zwraca się do majora i mówi:

— Miałeś pan słuszność.

Mój Bartek, kontent z siebie, stoi ciągle jak struna.

— Kto wygrał dziś bitwę? — pyta znowu generał.

— Ja, Celencyjo! — odpowiada bez wahania Bartek.

Twarz Ekscelencyi poczyna znów drgać.

— Tak, tak, ty! A oto masz nagrodę...

Tu stary wojownik odpina krzyż żelazny z własnej piersi, następnie schyla się i przypina go Bartkowi. Dobry humor generała drogą zupełnie naturalną odbija się na twarzach pułkownika, majorów, kapitanów aż do podoficerów. Po odjeździe generała, pułkownik daje ze swej strony Bartkowi dziesięć talarów, major pięć i tak dalej. Wszyscy powtarzają mu, śmiejąc się, że wygrał bitwę, skutkiem czego Bartek jest w siódmem niebie.

Dziwna rzecz. Jeden tylko Wojtek niebardzo jest z naszego bohatera zadowolony.

— Bien. Ton nom ?

— Bartek Slovik.

— *Mensch...*, avisa le colonel.

— *Mens !* répéta Bartek.

— Sais-tu pourquoi tu te bats avec les Français ?

— Je le sais général.

— Et pourquoi ?

Bartek balbutia :

— Parce que… parce que…

Les explications de Voitek revinrent soudain à sa mémoire, et il les répéta crûment, vivement, de peur de se tromper.

— Parce que ce sont des Allemands aussi, mais pis que les autres... les canailles !

Le visage du général se contracta comme s'il eût eu beaucoup de mal à s'empêcher d'éclater de rire. Puis il se tourna vers le colonel et lui dit :

— Vous aviez raison.

Mon Bartek, satisfait de soi, se tenait droit comme un *I*.

— Qui a gagné la bataille, aujourd'hui ? demanda encore le général.

— Moi ! répondit Bartek sans l'ombre d'une hésitation.

La face du vieux guerrier se contractait de nouveau.

— C'est vrai ! c'est vrai ! dit-il. Et voici ta récompense.

Il détacha la croix de fer de sa propre poitrine, et l'attacha sur celle de Bartek. Puis il partit. Le colonel donna dix thalers à Bartek, le major cinq, et ainsi de suite. Tous lui répétèrent, de bonne humeur, qu'il avait gagné la bataille. Et Bartek était dans le septième ciel.

Chose surprenante, Voitek fut le seul homme qui ne témoignât pas de joie à notre héros.

Wieczorem, gdy zasiedli obaj przy ognisku, i gdy szlachetna twarz Bartka zapchana była kiszką grochową tak dokładnie, jak sama kiszka grochem, Wojtek ozwał się tonem rezygnacyi:

— Oj ty Bartek, głupi jesteś, bo głupi...

— Albo co? — mówi przez kiszkę Bartek.

— Cóżeś ty, człeku, nagadał generałowi o Francuzach, że ony Miemcy?

— A sameś prawił...

— Ale trzeba ci było zmiarkować, że generał i oficery też Miemcy.

— To i co z tego?

Wojtek począł się jakoś jąkać...

— To, że choć ony Miemcy, ale nie trzeba im tego mówić, boć to zawdy nieładnie...

— Toć ja na Francuzów powiedziałem, nie na nich...

— Ej, kiedy bo to...

Wojtek uciął nagle, widocznie sam chciał także co innego powiedzieć; chciał oto wytłómaczyć Bartkowi, że przy Niemcach nie należy źle mówić o Niemcach, ale jakoś mu się język poplątał!... ❖

Le soir, quand ils furent assis autour du feu et que l'importante personne de Bartek fut aussi remplie de saucisse que la saucisse elle-même était emplie de pois, Voitek lui dit d'un ton de résignation :

— Oh ! Bartek, tu es stupide ! Stupide !

— Et pourquoi ? demanda Bartek, la bouche pleine.

— Pourquoi as-tu dit au général que les Français étaient Allemands ?

— C'est toi qui me l'as dit.

— Mais tu ne sais donc pas que le général et ses officiers sont Allemands eux-mêmes.

— Et puis ?

Voitek commençait à balbutier.

— Mais s'ils sont Allemands, ce n'est pas la peine de le leur dire : c'est maladroit !

— Mais je le disais pour les Français, pas pour eux !

— Quand même !…

Voitek s'arrêta soudain. Il aurait certainement voulu dire encore quelque chose ; il aurait voulu faire comprendre qu'en présence d'Allemands, il n'était pas prudent de parler mal des Allemands, mais il y renonça. ■

W jakiś czas potem królewsko-pruska poczta przywiozła do Pognębina list następujący:

„*Niech będzie pochwalony Jezus Chrystus i Jego święta Rodzicielka! Najukochańsza Magdo! Co u ciebie słychać? Dobrze ci w chałupie pod pierzyną, a ja tu wojuję okrutnie. Byliśma koło wielkiej fortecy Miecu i była bitwa i takemci Francuzów sprał, że się cała infanterya i artylerya dziwowały. I sam jenerał się dziwował i powiedział, żem batalię wygrał i dał mnie krzyż.*

„*A teraz to ci mnie i oficery i unteroficery bardzo szanują i po pysku mało co biją. Potem pomaszerowaliśma dalej, i była druga batalia, jeno zabaczyłem, jak się to miasto nazywa, i teżem prał i czwarty sztandar wziąłem, a jednego największego pułkownika od kirasyerów tom przetrącił i do niewoli zabrałem. A jak będą nasze pułki odsyłać do domu, to mi unteroficer radził, żebym napisał „reklamacyą" i ostał się, bo na wojnie tylko spać gdzie niema, ale żreć ile wytrzymasz, i wino w tym kraju jest wszędzie, bo naród*

*

Quelque temps après la Poste Royale prussienne apportait à Pognembin, la lettre suivante :

« Ma chère Magda,

« Gloire à Jésus-Christ et à sa Sainte Mère. Qu'est-ce qu'on fait à la maison ? Tu es bien, toi, dans la ferme et dans ton lit de plume, mais ici on se bat terriblement. Nous étions autour de la grande forteresse de Metz, et j'ai tant tué de Français que la cavalerie et l'infanterie en étaient émerveillées. Le général, lui-même, a dit que j'avais gagné la bataille et m'a donné la croix.

« Maintenant les officiers et les sous-officiers me respectent beaucoup et ne me battent presque plus. Apres cela nous avons marché et il y a eu une seconde bataille, mais j'ai oublié le nom du pays ; je me suis battu et j'ai pris un quatrième drapeau ; j'ai fait captif un grand colonel de cuirassiers. Le sous-officier me conseille de faire une pétition et de demander à rester ici, quand les régiments seront renvoyés chez eux.

« En guerre on ne dort pas beaucoup, mais on trouve assez bien à manger. Il y a du vin partout, car les gens sont riches. Quand nous brûlons un village, nous n'épargnons ni

bogaty. Jakeśma palili jedną wieś, tośma i dzieciom i babom nie przepuścili, i ja też. Kościół ci się spalił do cna, bo ony są katoliki, i ludzi się popiekło niemało.

„Idziema teraz na samego cesarza, i będzie koniec wojny, a ty pilnuj chałupy i Franka, bo niechbyś nie pilnowała, tobym ci chyba giry poprzetrącał, żebyś wiedziała, com za jeden. Bogu cię polecam.

BARTŁOMIEJ SŁOWIK".

Bartek widocznie zasmakował w wojnie i począł patrzeć na nią, jak na właściwe sobie rzemiosło. Nabrał wielkiej ufności w siebie i do bitwy teraz szedł, jakby się zabierał do jakiej roboty w Pognębinie. Na piersi jego po każdej rozprawie leciały medale i krzyże, a choć podoficerem nie został, powszechnie miano go za pierwszego szeregowca w pułku. Był zawsze karny, jak dawniej, i posiadał ślepe męstwo człowieka, który nie zdaje sobie sprawy z niebezpieczeństwa. Męstwo to nie płynęło już tak, jak w pierwszych chwilach ze wściekłości. Teraz źródłem jego była praktyka żołnierska i wiara w siebie. Przytem olbrzymie jego siły wytrzymywały wszelkie trudy, pochody i niewczasy. Ludzie marnieli obok niego, on jeden trwał niepożycie, tylko dziczał coraz bardziej i stawał się coraz sroższym pruskim żołdakiem. Począł on teraz nietylko bić Francuzów, ale i nienawidzieć ich. Pozmieniały się też i inne jego pojęcia. Stał się żołnierzem-patryotą i uwielbiał ślepo swoich przywódców. W następnym liście pisał do Magdy:

les femmes ni les enfants, et je fais comme les autres. Nous avons brûlé une église, car les Français sont catholiques, et beaucoup de monde a péri dedans.

Nous allons maintenant contre l'empereur lui-même, et ce sera la fin de la guerre ; prends bien soin de la ferme et de Franek. Sinon, quand je reviendrai à la maison, je te regarderai si fixement que tu ne sauras pas qui je suis. Adieu.

« BARTEK SLOVIK. »

Bartek avait pris goût à la guerre évidemment, et commençait à la regarder comme son milieu de prédilection. Il avait gagné une grande confiance en soi, et s'en allait maintenant à la bataille comme autrefois il s'en allait à son ouvrage, à Pognembin. Après chaque engagement, médailles et croix affluaient sur sa poitrine, et bien qu'il ne fût pas sous-officier, tout le monde le tenait pour le premier soldat du régiment. Il était toujours aussi obéissant qu'autrefois, et possédait la bravoure d'un homme qui ne peut apprécier le danger. Sa valeur ne venait plus, comme dans les premiers temps, de la rage. La source en était maintenant la pratique militaire, et la foi en soi-même. D'autre part, sa force gigantesque endurait toutes les épreuves, toutes les marches et toutes les veilles. Les hommes mouraient de lassitude autour de lui ; il ne se plaignait même pas ; il devenait seulement plus fier et se transformait peu à peu en un véritable homme d'armes prussien. Il commençait non seulement à combattre les Français, mais à les haïr. Ses autres idées avaient aussi changé. Il devenait un soldat-patriote, et adorait aveuglément ses chefs. Dans une lettre suivante, il écrivait à Magda :

"*Wojtka na dwoje rozerwało, ale od tego jest wojna, rozumiesz? On też był kiep, bo powiadał, że Francuzy to Niemcy, a ony są Francuzy, a Niemcy to nasi*".

Magda w odpowiedzi na obydwa listy nawymyślała mu, co wlazło:

„*Najukochańszy Bartku, pisała, przed ołtarzem świętym mi poślubiony! Ażeby cię Bóg pokarał! Tyś sam kiep, poganinie, kiedy naród katolicki na współkę z kasztanami mordujesz. To nie rozumiesz, że kasztany są lutry, a ty, katolik, im pomagasz! Chce ci się wojny, wałkoniu, bo możesz nic nie robić, jeno się bić, pić i innych poniewierać, i nie pościć, i kościoły palić. A bodaj ciebie w piekle za to palili, że się jeszcze tem chwalisz i ni na starych, ni na dzieci nie masz wyrozumienia. Pamiętaj, baranie, na to, co w świętej wierze jest pisane złotemi literami od początku świata do dnia sądu ostatecznego dla polskiego narodu, w którym dniu Bóg najwyższy nie będzie miał dla takich capów wyrozumienia, i pohamuj się, Turku jeden, żebym ci tego twojego łba nie rozbiła. Pięć talarów ci posyłam, choć mi tu bieda, bo sobie rady dać nie mogę, i gospodarstwo się marnuje. Ściskam cię, najukochańszy Bartku.*

MAGDA."

Morały, w liście tym zawarte, małe na Bartku zrobiły wrażenie: „Baba służby nie rozumie, myślał sobie, a wtrąca się". I wojował po staremu. Odznaczał się w każdej niemal bitwie, tak, że w końcu padły nań oczy jeszcze od Steinmecowych dostojniejsze. Nakoniec gdy zniszczone pułki poznańskie

« *Voitek a été tué, mais tu le sais, c'est la guerre. D'ailleurs c'était un fou. Il disait que les Français étaient des Allemands, alors que ce sont des Français et que les Allemands sont les nôtres.* »

Magda, en réponse à ces deux lettres, écrivit ce qui suit :

« *Mon cher Bartek,*

« *Nous avons été mariés devant l'autel ; que Dieu te punisse ! Tu es fou toi-même, païen, car en compagnie de Prussiens tu assassines les catholiques. Tu ne comprends donc pas que ces Prussiens sont protestants, et que toi, catholique, tu ne dois pas les aider ? Tu as désiré la guerre, parce que là tu n'as rien à faire que boire et assassiner le monde, ne pas observer les fêtes mais brûler les églises. Tu brûleras en enfer si tu ne changes pas de conduite, si tu continues à massacrer les vieillards et les enfants. Je t'envoie cinq thalers, bien que je sois ici dan la misère, que la maison tombe en ruines et que je ne sache pas quoi devenir. Je t'embrasse, mon cher mari.*

« MAGDA. »

Les reproches contenus dans cette lettre ne firent que peu d'impression sur Bartek. « Les femmes n'entendent rien au service, se dit-il, et elles aiment à se mêler des affaires des autres. » Il continua à se battre à son ancienne mode. Il se distingua encore dans différents combats, si bien que les regards les plus élevés tombèrent sur lui. Lorsque les régiments polonais, à peu près anéantis,

odesłano w głąb Niemiec, on za radą podoficera podał „reklamacyą" i został. Skutkiem tego znalazł się pod Paryżem.

Listy jego pełne były teraz lekceważenia dla Francuzów. „W każdej bitwie tak ci zdzierają jak zajęce", — pisał do Magdy. I pisał prawdę. Ale oblężenie niezbyt przypadło mu do smaku. Pod Paryżem trzeba było leżeć po całych dniach w podkopach i słuchać huku dział, częstokroć sypać szańce i moknąć. Przytem żal mu było swego dawnego pułku. W tym, do którego przeniesiono go teraz, jako ochotnika, otaczali go po większej części Niemcy. Po niemiecku umiał on trochę, bo się jeszcze w fabryce nieco poduczył, ale tak sobie, piąte przez dziesiąte. Teraz począł się wprawiać szybko. Nazywano go jednak w pułku ein polnischer Ochs, i tylko jego krzyże i straszliwe pięści zasłaniały go przed dotkliwymi żartami.

Wszelako po kilku bitwach zyskał sobie szacunek u nowych towarzyszów i począł się z nimi zżywać powoli. W końcu uważano go za jednego ze swoich, ile że cały pułk okrył sławą. Bartek poczytywałby sobie zawsze za obelgę, gdyby go kto nazwał *Niemcem*, ale za to sam siebie, w przeciwstawieniu do Francuzów, nazywał *ein Deutscher*. Zdawało mu się, że to zupełnie co innego, a przytem nie chciał uchodzić za gorszego niż inni.

Zaszedł wszelako wypadek, który dałby mu wiele do myślenia, gdyby myślenie wogóle było łatwiejsze dla tego bohaterskiego umysłu. Oto pewnego razu kilka kompanii jego pułku wykomenderowano przeciw wolnym strzelcom, zrobiono na nich zasadzkę, i strzelcy w nią wpadli. Ale tym razem Bartek nie ujrzał czerwonych czapek, pierzchających po pierwszych strzałach, oddział bowiem składał się ze starych żołnierzy, rozbitków jakiegoś pułku legii zagranicznej. Otoczeni, bronili się zacięcie, a wreszcie rzucili się, by bagnetem utorować sobie drogę przez opasujący krąg

furent renvoyés dans leurs foyers, lui demanda par voie de pétition à demeurer. Et c'est ainsi qu'il se trouva à l'investissement de Paris.

Ses lettres étaient maintenant pleines d'orgueil. Cependant, le siège n'était pas tout-à-fait de son goût. Il fallait rester dans les tranchées des jours entiers, écouter le tonnerre de l'artillerie, remuer la terre et être souvent trempé. En outre, il regrettait son premier régiment. Dans celui où il venait d'être transféré, il n'était entouré que de Prussiens. Il ne savait que quelques mots d'allemand. Il commençait à peine à parler librement. On l'appelait le « bœuf de Pologne » et c'est seulement grâce à la force terrible de ses poings qu'il échappait aux plaisanteries les plus cruelles.

Cependant, après un certain nombre de batailles, il acquit le respect de ses nouveaux camarades et commença lui-même à s'accoutumer à eux. Enfin, il ne fut plus regardé comme un étranger, tant il avait couvert le régiment de gloire. Bartek aurait tenu pour une insulte, avant la guerre, d'être appelé *Niemets* (Prussien) par un de ses compatriotes ; maintenant, en haine des Français, il s'intitulait *Deutscher* (Allemand). Il lui semblait que c'était quelque chose d'entièrement différent ; et d'autre part, il ne voulait pas apparaître pis que les autres.

Il se produisit cependant un incident qui lui aurait donné beaucoup à penser, si la pensée eût été habituelle à son héroïque cervelle. Deux compagnies de son régiment furent envoyées un jour à la chasse des francs-tireurs. Ils dressèrent une embuscade, et les francs-tireurs y tombèrent. Le détachement était composé de vieux soldats, débris d'un régiment de légion étrangère décimé. Lorsqu'ils se virent pris, ils se défendirent désespérément, et enfin s'élancèrent pour s'ouvrir un chemin à la baïonnette à travers le cercle

pruskiego żołdactwa. Bronili się z taką zaciętością, że część ich przebiła się przez wojska, szczególniej zaś nie dawali się brać żywcem, wiedząc, jaki los czeka pochwyconych wolnych strzelców. Kompania, w której służył Bartek, pochwyciła też dwu tylko jeńców. Wieczorem umieszczono ich w izbie, w domu leśnika. Nazajutrz mieli być rozstrzelani. Straż kilku żołnierzy stanęła przy drzwiach, Bartka zaś postawiono w izbie pod wybitem oknem, razem ze związanymi jeńcami.

Jeden z jeńców był to człowiek niemłody, z siwiejącymi wąsami i twarzą obojętną na wszystko; drugi wyglądał na dwadzieścia kilka lat: jasne wąsy zaledwie sypały mu się na twarzy, podobniejszej do twarzy panny, niż żołnierza.

— Ot i koniec — rzekł po chwili młodszy: — kula w łeb i koniec!

Bartek drgnął, aż karabin zadźwięczał mu w ręku: młody chłopak mówił po polsku...

— Mnie tam już wszystko jedno, — odrzekł zniechęconym głosem drugi — dalibóg, wszystko jedno. Naterałem się już tyle, że mam dosyć...

Bartkowi serce biło pod mundurem coraz żywiej...

— Słuchaj-no — mówił dalej stary, — niema rady. Jeśli się boisz, to myśl o czem innem, albo się połóż spać. Życie jest podłe! Jak mi Bóg miły, tak wszystko jedno.

— Matki mi żal! — odparł głucho młodszy.

I widocznie chcąc stłumić wzruszenie, lub oszukać samego siebie, począł gwizdać. Nagle przerwał i zawołał z głęboką rozpaczą:

des soldats prussiens. Ils se battirent avec une telle furie que quelques-uns passèrent, en effet. Par-dessus tout, il ne leur fallait pas se laisser prendre vivants ; ils connaissaient le sort fait aux francs-tireurs pris les armes à la main. Toutefois, la compagnie de Bartek fit deux prisonniers. Au soir, ces deux hommes furent placés dans une chambre de maison forestière. Ils devaient être fusillés le lendemain matin. Bartek fut placé de garde auprès d'eux, dans cette chambre dont la fenêtre était brisée.

Un des prisonniers était un homme d'un certain âge, les cheveux gris et la face indifférente à tout ce qui pouvait lui arriver. L'autre paraissait avoir vingt et quelques années ; ses moustaches se voyaient à peine ; il avait plus l'air d'une femme que d'un homme.

— Tout est fini, dit-il. Une balle dans la tête, et il ne sera plus question de nous.

Bartek frémit à un tel point que son fusil faillit lui échapper des mains. L'homme parlait polonais.

— Ça m'est égal, répondit l'autre. J'ai lutté si longtemps que j'en ai assez.

Le cœur de Bartek battait à chaque instant plus vite sous son uniforme.

— Écoute, continué l'aîné, il n'y a rien à faite. Si tu as peur, essaie de penser à autre chose, ou tâche de dormir. La vie est finie. Aussi vrai que Dieu m'est cher, ça m'est égal.

— Je suis triste pour ma mère, répondit le jeune homme d'un ton sombre.

Et souhaitant évidemment surmonter son émotion ou s'étourdir soi-même, il se mit à siffler. Tout à coup, il s'arrêta et cria, dans le plus profond désespoir :

— Niechże mnie piorun trzaśnie! Nawetem się nie pożegnał!

— Toś uciekł z domu?

— Tak. Myślałem: pobiją Niemców, będzie Poznańczykom lepiej.

— I ja tak myślałem. A teraz...

Stary kiwnął ręką i dokończył coś z cicha, ale resztę jego słów zgłuszył szum wiatru. Noc była zimna. Drobny deszcz zacinał od czasu do czasu falami, poblizki las czarny był jak kir. W izbie wicher świstał po kątach i wył w kominie jak pies. Lampa, umieszczona wysoko nad oknem, aby jej wiatr nie zgasił, rzucała sporo migotliwego światła na izbę, ale stojący pod nią tuż przy oknie Bartek pogrążony był w ciemności.

I może lepiej, że jeńcy nie widzieli jego twarzy. Z chłopem działy się dziwne rzeczy. Z początku ogarnęło go zdziwienie, i wytrzeszczał na jeńców oczy i starał się zrozumieć co mówią. Toż oni przyszli bić Niemców, żeby Poznańczykom było lepiej, a on bił Francuzów, żeby Poznańczykom było lepiej! I tych dwóch jutro rozstrzelają! Co to jest? Co on biedak ma o tem myśleć? A żeby się tak ozwał do nich? Żeby im powiedział, że on swój człowiek, że mu ich żal. Nagle złapało go coś za gardło. I co on im powie? czy ich wyratuje? To i jego rostrzelają! Hej, rety! co się z nim dzieje? Żal go tak dusi, że nie może ustać na miejscu.

— Que le tonnerre m'écrase ! Je ne lui ai même pas dit adieu !

— Tu t'es sauvé de la maison ?

— Oui. Je me disais : ils battront les Allemands, et ce sera mieux pour le peuple de Poznan.

— Je le pensais aussi. Mais à présent…

Le vieil homme agita ses mains et finit sa phrase à voix basse ; mais le bruit du vent couvrit ses derniers mots. La nuit était froide. Une pluie fine tombait sans interruption; le bois était noir comme l'enfer. Dans la chambre, le vent soufflait comme au dehors et hurlait dans la cheminée comme un chien. La lampe, accrochée au-dessus de la fenêtre pour que les rafales ne l'éteignissent pas, jetait une lumière tantôt vive et tantôt fuligineuse. Bartek, qui se tenait sous cette lampe et devant la fenêtre, était enfoncé dans l'ombre.

Et peut-être était-il préférable que les prisonniers ne vissent pas son visage. Des choses étonnantes arrivaient à cet homme. D'abord, l'étonnement s'était emparé de lui ; il regardait fixement les prisonniers et cherchait à comprendre ce qu'ils disaient. Ils étaient venus se battre contre les Prussiens afin qu'il en allât mieux du peuple de Poznan ; et lui était venu se battre contre les Français pour le même motif. Et ces deux hommes seraient fusillés le lendemain matin : Qu'est-ce que cela signifiait ? Qu'était-il, pauvre compagnon, pour songer à tout cela ? Et s'il leur parlait... s'il leur disait qu'il était leur compatriote... qu'il était triste à cause d'eux ? Quelque chose le saisit tout à coup à la gorge. Et que leur dirait-il ? Qu'il voulait les sauver ? Alors, c'est lui qui serait fusillé… Ah ! au secours ! Que lui arrive-t-il ? La pitié l'agite tellement qu'il ne peut plus tenir en place.

Jakaś straszna tęsknota nadlatuje na niego, aż het gdzieś z Pognębina. Nieznany gość w żołdackiem sercu, litość, krzyczy mu w duszy: „Bartku! ratuj swoich, to swoi!" — a serce wyrywa się do domu, do Magdy, do Pognębina, i tak się rwie, jak nigdy przedtem. Dosyć mu tej Francyi, tej wojny i bitew! Coraz wyraźniej słyszy głos:

„Bartku, ratuj swoich!"

Ażeby ta wojna pod ziemię się zapadła! Przez wybite okno czernieje las i szumi jako pognębińskie sosny, a w tym szumie woła coś znowu:

„Bartku, ratuj swoich!"

Cóż on zrobi?

Ucieknie z nimi do lasu, czy co? Wszystko, co tylko pruska dyscyplina zdołała w niego wszczepić, odrazu wzdryga się na tę myśl... W Imię Ojca i Syna! Tylko się przed nią przeżegnać. On, żołnierz, ma dezerterować? Nigdy!

Tymczasem las szumi coraz mocniej i wicher świszcze coraz żałośniej.

Starszy jeniec odzywa się nagle:

— A to wiatr, jakby jesienią u nas...

— Daj mi pokój... — rzecze pognębionym głosem młodszy. Po chwili jednak powtarza kilkakrotnie:

— U nas, u nas, u nas! O Boże! Boże!

Głębokie westchnienie zlewa się z poświstem, i jeńcy leżą znów cicho...

Bartka poczyna febra trząść...

Najgorzej, gdy sobie człowiek nie zdaje sprawy z tego, co mu jest. Bartek nic nie ukradł, a tak mu się zdawało, jakby co ukradł i jakby się bał, że go złapią. Nic mu nie grozi, a przecie boi się czegoś okrutnie.

Une tristesse terrible lui est venue de loin, de quelqu'endroit, de Pognembin. La pitié, un côté étrange pour le cœur d'un soldat, lui crie : « Bartek, secoure tes compatriotes ; ceux-là sont les tiens ! » Et son cœur se déchire, s'élance vers la ferme, vers Magda, vers le village ; ce cœur s'ouvre comme il ne l'avait pas fait encore. Il a assez de la France, de la guerre, des batailles, À chaque instant il entend une voix plus distincte :

« Bartek, sauve les tiens ! »

Que la terre s'ouvre sous cette guerre. À travers la fenêtre brisée, la forêt est noire ; elle mugit comme les pins de Pognembin, et dans cette rumeur quelque chose crie encore :

« Bartek, sauve tes compatriotes ! »

Que fera-t-il ? Fuir dans la forêt avec eux ? Quoi ? Tout ce que la discipline prussienne a mis en lui se dresse et se hérisse à cette pensée. « Lui, un soldat, déserter ! Jamais ! »

Cependant la forêt parle plus haut, et le vent gémit de plus en plus lugubrement.

Le vieux prisonnier parle, soudain :

— Mais ce vent est comme celui de chez nous, en automne.

— Épargne-moi ! lui répond le jeune homme d'une voix brisée.

Et au bout d'un certain temps il répétait dans un sanglot :

— Chez nous !… Chez nous !… Ô mon Dieu !… Chez nous !…

Un profond soupir se mêla au sifflement du vent, et les deux prisonniers redevinrent de nouveau silencieux.

La fièvre commençait à secouer Bartek.

Le pire supplice pour un homme est de ne pas pouvoir dire ce qui l'agite. Bartek n'avait jamais volé, et il lui semblait qu'il avait volé quelque chose ; il lui semblait qu'on allait l'arrêter. Rien ne le menaçait, et il avait une peur terrible et mystérieuse.

Oto nogi dygocą pod nim, karabin cięży mu strasznie i coś go dusi, jakby jaki wielki płacz. Za Magdą, czy za Pognębinem? Za obojgiem, ale i tego młodszego jeńca tak mu żal, że sobie rady dać nie może.

Chwilami zdaje się Bartkowi, że śpi. Tymczasem zawierucha na dworze jeszcze się powiększa. W poświście wiatru mnożą się dziwne wołania i głosy.

Nagle Bartkowi każdy włos staje dębem pod pikielhaubą...

Oto wydaje mu się, że tam gdzieś w ciemnych, mokrych głębiach boru, ktoś jęczy i powtarza:

„U nas, u nas, u nas!"

Bartek wzdryga się i uderza kolbą w podłogę, by się rozbudzić.

Jakoż przychodzi do przytomności... Ogląda się: jeńcy leżą w kącie, lampa migoce, wiatr wyje, wszystko w porządku.

Światło pada teraz obficie na twarz młodego jeńca. Iście twarz dziecka albo dziewczyny. Ale oczy ma przymknięte, słomę pod głową i wygląda jakby już umarły.

Jak Bartek Bartkiem, nigdy go tak nie nurtował żal. Wyraźnie ściska go coś za gardło, wyraźnie płacz mu idzie z piersi.

Tymczasem starszy jeniec obraca się z trudnością na bok i mówi:

— Dobranoc, Władek...

Voyez, ses jambes tremblent sous lui ; son fusil lui pèse, quelque chose comme une insurmontable faiblesse l'assaille. Pourquoi donc est-il aussi triste ? Est-ce pour Magda ? Est-ce pour les deux prisonniers ? C'est pour eux, et surtout pour le plus jeune, qu'il voudrait tant sauver l

Par moments, il semble à Bartek qu'il dort. Cependant le bruit de la tempête augmente au dehors. Dans le hurlement du vent s'entendent des voix et des cris, toujours plus haut.

Tout à coup, les cheveux de Bartek se hérissent : sous son casque.

Voyez ! Là-bas, dans la profondeur sombre de la forêt, quelque chose d'indéfinissable s'est dressé, qui gémit et qui répète :

— Chez nous… chez nous… chez nous !

Bartek tressaille et frappe le plancher de la crosse de son fusil pour s'éveiller soi-même.

Et de fait, la conscience lui revient. Il regarde autour de lui ; les prisonniers sont couchés dans leur coin ; la lampe brûle, le vent hurle, tout est en ordre.

La lumière tombe maintenant en plein sur le visage du plus jeune prisonnier. C'est le visage d'un enfant ou d'une jeune fille. Mais les yeux sont fermés. Il y a de la paille sous la tête, et l'enfant a l'air d'être déjà mort.

Depuis que Bartek est Bartek, jamais une pareille tristesse ne l'a saisi. Quelque chose le serre à la gorge à l'étouffer ; un sanglot est près de s'échapper de sa poitrine.

Cependant, le vieux prisonnier s'est péniblement tourné vers le jeune, et lui dit :

— Bonne nuit, Vladek.

Następuje cisza. Upływa godzina, z Bartkiem coś naprawdę źle. Wiatr gra, jak organy pognębińskie. Jeńcy leżą cicho, nagle młodszy podnosi się trochę z wysileniem i woła:

— Karol?

— Co?

— Śpisz?

— Nie...

— Słuchaj! Ja się boję... Mów, co chcesz, a ja się będę modlił...

— To się módl!

— Ojcze nasz, któryś jest w niebie, święć się Imię Twoje, przyjdź królestwo Twoje...

Łkanie przerywa nagle słowa młodego jeńca... wszelako słychać jeszcze przerywany głos:

— Bądź... wola... Twoja!...

— O, Jezu! — wyje coś w piersiach Bartka! — O, Jezu!...

Nie! on już nie wytrzyma dłużej! Chwila jeszcze, a krzyknie:

„Paniczu! toć ja chłop!..."

Potem przez okno... w las... Niech się dzieje co chce!

Nagle od strony sieni dają się słyszeć miarowe kroki. To patrol, a z nim podoficer. Zmieniają straże!

Nazajutrz Bartek od rana był pijany. Następnego dnia także...

*

* *

Un silence suit. Une heure passe. Quelque chose de particulièrement douloureux est advenu à Bartek. Le vent dans les arbres joue comme les orgues de Pognembin. Les prisonniers sont immobiles. Soudain, le plus jeune se redresse d'un effort et appelle :

— Karol !

— Quoi ?

— Tu dors ?

— Non.

— Écoute. J'ai peur. Dis-moi ce que tu voudras, mais je vais prier.

— Prie.

— Notre Père, qui êtes aux cieux, que votre nom soit béni. Que votre règne arrive...

Un sanglot interrompit la prière. Puis la voix de l'enfant reprit, brisée :

— Que votre volonté... soit faite...

— Oh ! Jésus ! gémit quelque chose dans la poitrine de Bartek. Ô ! Jésus !

Maintenant, il n'endurera rien de plus ! Un moment encore, et il criera :

— Moi aussi, je suis Polonais !

Et ensuite, par la forêt, au hasard ! Advienne que pourra !

Soudain, dans le bois, des pas cadencés se font entendre. C'est la patrouille, et avec elle un sous-officier. On relève les sentinelles.

Ce jour, Bartek fut ivre dès le matin, le lendemain aussi.

*
* *

Ale w dalszych dniach przyszły nowe pochody, potyczki, marsze... i miło mi oznajmić, że nasz bohater wrócił do równowagi. Po owej nocy zostało mu tylko trochę zamiłowania do butelki, w której zawsze można znaleźć smak, a czasem i zapomnienie. Zresztą w bitwach bywał jeszcze okrutniejszy niż dotąd; zwycięstwo szło w jego ślady. ❖

Mais les jours suivants d'autre expéditions Sa produisirent, des escarmouches, des marches, et notre héros revint peu à peu à son état normal. Il lui resta toutefois de cette aventure une certaine tendresse pour la bouteille, au fond de laquelle il alla souvent chercher la distraction. Pour le reste, il devint encore plus terrible dans la bataille, et la victoire suivit ses pas. ■

6

Znów upłynęło kilka miesięcy. Było już dobrze z wiosny. W Pognębinie wiśnie w sadzie kwitły i pokryły się bujnym liściem, a na polach zieleniała ruń obfita. Pewnego razu Magda, siedząc przed chałupą, obierała na obiad marne kiełkowate kartofle, zdatniejsze dla trzody niż dla ludzi. Ale był to przednówek; bieda zajrzała trochę do Pognębina. Znać ją było i z twarzy Magdy, poczerniałej i pełnej frasunku. Może też dla rozpędzenia go, kobieta, przymykając oczy, śpiewała cienkim, wytężonym głosem:

> *Oj, mój Jasieńko na wojnie!*
> *Oj! listy pisze do mnie,*
> *Oj, i ja też do niego*
> *Oj! bom żoneczka jego.*

Wróble na czereśniach świergotały, jakby ją pragnęły zagłuszyć, a ona, śpiewając, spoglądała w zamyśleniu to na psa śpiącego na słońcu, to na drogę przechodzącą koło chałupy, to na steczkę, idącą od drogi przez ogród i pola. Może i dlatego poglądała Magda na steczkę, że wiodła ona

6

De nouveau, quelques mois passèrent. Le printemps était avancé. À Pognembin les cerisiers avaient fleuri dans le jardin et s'étaient couverts de feuilles ; les champs étaient entièrement verts. Un jour, Magda était assise devant la ferme et préparait des légumes pour le souper. Mais le souper serait maigre ; la gêne était venue à Pognembin. Il n'y avait, pour s'en convaincre, qu'à regarder le visage de la jeune femme, sombre et plein d'anxiété. Peut-être aussi était-ce pour chasser l'inquiétude que Magda chantait d'une voix mince et contenue :

> « *Oh ! oh ! mon mari est à la guerre !*
> « *Il m'a écrit.*
> « *Et moi je lui ait écrit aussi,*
> « *Car je suis sa femme.* »

Les hirondelles, dans les cerisiers, pépiaient comme si elles eussent voulu couvrir sa voix, et la jeune femme, tout en chantant, regardait tantôt le chien endormi à ses pieds, tantôt la route passant devant la ferme, tantôt le sentier qui partait de cette route pour entrer dans les champs. Peut-être Magda surveillait-elle aussi ce sentier parce qu'il conduisait

na przełaj do stacyi, i tak Bóg dał, że tego dnia nie spoglądała
na nią napróżno. W dali ukazała się jakaś postać, i kobieta
przysłoniła oczy ręką, ale nie mogła nic dojrzeć, bo ją blask
ślepił. Łysek tylko rozbudził się, podniósł głowę, i szczeknąwszy
krótko, począł węszyć, nadstawiając uszu i przekręcając łeb na
obie strony. Jednocześnie do uszu Magdy doszły niewyraźne
słowa pieśni. Łysek zerwał się naraz i całym pędem skoczył
ku zbliżającemu się człowiekowi. Wówczas Magda przybladła
trochę.

— Bartek, czy nie Bartek?

Wstała nagle, tak, że aż nieculka z kartoflami potoczyła się
na ziemię: teraz już nie było wątpliwości. Łysek tam skakał aż
do piersi przybyłego. Kobieta rzuciła się naprzód, krzyknąwszy
z całej siły z radości:

— Bartek! Bartek!

— Magda! to ja! — wołał Bartek, przykładając dłoń do ust
i przyśpieszając kroku.

Otworzył wrota, zawadził o zaworę, mało nie upadł, aż
się zatoczył, i padli sobie w objęcia. Kobieta poczęła mówić
szybko:

— A ja myślała, że już nie wrócisz... Myślałam: zabili go...
Cóż ci? Pokaż się. Niech się napatrzę! Bardzoś zmizerowany!
Oj Jezu! Oj ty kapcanie!... Oj najmilejszy!... Wrócił! wrócił!...

Chwilami odrywała ręce od jego szyi i patrzała na niego i
znów je zarzucała.

— Wrócił! Chwała bądź Bogu... Mój ty Bartczysko
kochane!... Cóżeś?... Chodź do chałupy... Franek w szkole!
Niemczysko trochę dzieciom dopieka. Chłopak zdrów.
Ino ślepie na wierzchu ma jak ty. Oj czas ci wracać! Bo
ani rady. Bieda, mówię: bieda!... Chałupsko się psuje.
Do stodoły bez dach leci. Cóżeś? Oj Bartku! Bartku!

à la station. Dieu voulut qu'elle ne regardât pas en vain, ce jour. Dans le lointain apparut une certaine forme, et la jeune femme abrita ses yeux de ses mains, mais elle ne pouvait pas distinguer à cause de la lumière aveuglante du soleil ; mais Lysek, le chien, s'éveilla, leva la tête, aboya un peu, commença à flairer et à pencher sa tête à droite et à gauche. Au même instant quelque chose comme un chant arrivait aux oreilles de Magda. Lysek s'élança tout à coup au devant de l'homme qui s'approchait. Magda pâlit.

— Bartek ! Est-ce que ce n'est pas Bartek ?

Elle se leva vivement, et ses légumes roulèrent à terre. Maintenant elle n'avait plus de doute. Lysek sautait à la poitrine du nouvel arrivant. La femme s'élança, criant de toute la force de sa joie :

— Bartek ! Bartek !

— Magda ! c'est moi ! répondit l'homme en se faisant un porte-voix de ses mains et en hâtant le pas.

Il ouvrit la grille, manqua le seuil, chancela, tomba presque, et tous deux s'élancèrent dans les bras l'un de l'autre.

— Je croyais que tu ne reviendrais plus jamais. Je me disais : « Ils l'ont tué. » Qu'est-ce que... Montre-toi. Laisse-moi t'admirer. Oh ! Jésus ! Oh ! il est revenu ! Il est revenu !

Parfois, elle garda ses mains sur son cou et le regarda, et encore, et elle recommençait.

— Il est revenu ! Gloire à Dieu... Mon Bartikou-net que j'aime !... Comment es-tu ? Entre. Franek est à l'école. Le maître est Allemand et bat les enfants. L'enfant est bien, mais il a les yeux fixes comme toi. Oh ! il était temps que tu viennes, car ici rien ne va. C'est la misère. Je dis bien : la misère. La pauvre maisonnette tombe de pourriture. Comment es-tu ? Oh ! Bartek ! Bartek !

Że też ja jeszcze ciało twoje oglądam! Co ja tu miałam kłopotów z sianem!... Czermieniccy mi pomagali, ale bogać! I cóżeś ty? zdrów? Oj raduję ja ci się, raduję! Bóg cię strzegł. Chodź do chałupy. O dla Boga, coś niby Bartek, niby nie Bartek! A tobie co? Rety?

Magda w tej dopiero chwili spostrzegła długą szramę, ciągnącą się przez twarz Bartka, przez lewą skroń, policzek, aż do brody.

— At nic... Kiryser mnie ta pomacał, ale i ja jego też. W szpitalu byłem.

— O Jezu!

— Ej, mucha.

— A chudyś, jak ta śmierć.

— *Ruhig!* — odrzekł Bartek.

Był rzeczywiście wychudły, zczerniały, obszarpany. Prawdziwy zwycięzca! Przytem chwiał się na nogach.

— Cóżeś ty, pijany?

— Ti... słabym jeszcze.

Był słaby, to pewno! Ale był i pijany, bo przy jego wycieńczeniu, jedna miarka wódki wystarczała, a Bartek na stacyi wypił ich coś cztery. Ale za to miał animusz i minę prawdziwego zwycięzcy. Takiej miny nigdy przedtem nie miewał.

— *Ruhig!* — powtórzył. — Skończyliśmy *Krieg!* teraz ja pan, rozumiesz? A to widzisz? — Tu ręką wskazał krzyże i medale. — Wiesz, com za jeden? — Hę? *Links! Rechts! Heu! Stroh!* siano! słoma! słoma! siano! *halt!*

Ostatnie halt! wrzasnął tak przeraźliwie, że kobieta odskoczyła o kilka kroków.

— Cóżeś ty oszalał?

Enfin, je te revois ! Quels troubles j'ai eu ici ! Les Chermyenitsky m'ont aidée, mais, oh ! mon Dieu ! Et alors tu es bien ? Je suis bien heureuse de te revoir, bien heureuse. Dieu t'a protégé. Entre. Oh ! pour l'amour de Dieu ! est-ce Bartek ? ou un autre ? Qu'est-ce que tu as ? Au secours !

Magda remarquait maintenant pour la première fois une longue cicatrice qui barrait la face de son mari, de la tempe gauche à la barbe.

— Ce n'est rien. C'est un cuirassier qui m'a touché. Mais je l'ai payé. J'ai été à l'hôpital.

— Ô ! Jésus !

— Ce n'est rien, je te dis.

— Tu es maigre comme un mort.

— *Ruhig !* (« Assez ! », en allemand) interrompit Bartek.

Il était bruni et blessé ; un réel vainqueur ! Et il chancelait sur ses pieds.

— Es-tu ivre ?

— Je suis encore faible.

Il était faible, à la vérité, mais il était également ivre ; exténué comme il l'était, un verre d'eau-de-vie lui suffisait, et à la station il en avait bu quelque chose comme quatre. Mais il avait l'esprit et l'attitude d'un conquérant. Magda ne le connaissait pas sous ce jour.

— *Ruhig !* répéta-t-il. Nous avons fini la *krieg* (guerre). Maintenant je suis un seigneur, comprends-tu ? Tu vois ceci ? (Il montrait ses croix et ses médailles.) Voilà ce que je suis : *Links! Rechts! Heu! S'troh! Halt!* (Gauche ! Droite ! Foin ! Paille ! Halte !)

Il tonna d'une voix si puissante en lançant son « Halt », que Magda recula de peur.

— Es-tu devenu fou ?

— Jak się masz, Magda! Kiedy ci mówię: jak się masz? to jak się masz!... A po francusku umiesz, głupia?... *Musiu, musiu!* kto *musiu?* ja *musiu!* wiesz?

— Człeku, co z tobą jest?

— Tobie co do tego! *Was? done diner!* rozumiesz.

Na czole Magdy zaczęła się zbierać burza.

— Po jakiemu ty bełkoczesz? Cóż to, nie umiesz po polsku? To ci kasztan! Sprawiedliwie mówię! Co z ciebie zrobili!

— Daj mnie jeść!

— Ruszaj do chałupy.

Wszelka komenda robiła na Bartku wrażenie, któremu żadną miarą oprzeć się nie mógł. Usłyszawszy tedy: „ruszaj!" wyprostował się, ręce wyciągnął wzdłuż bioder, i zrobiwszy pół obrotu, pomaszerował we wskazanym kierunku. Na progu dopiero ochłonął i począł patrzeć na Magdę ze zdumieniem.

— No, co ty Magda? co ty?...

— Ruszaj! Marsz!

Wszedł do chałupy, ale upadł na samym progu. Wódka teraz poczęła mu naprawdę uderzać do głowy. Zaczął śpiewać i oglądać się po chałupie za Frankiem. Powiedział nawet: *Morgen, Kerl!* — choć Franka nie było. Następnie roześmiał się, dał jeden krok nader wielki, dwa bardzo małe, krzyknął: hurra! i legł jak długi na tapczanie.

Wieczorem zbudził się trzeźwy, wypoczęty, przywitał się z Frankiem, i wyprosiwszy u Magdy kilkanaście fenigów, odbył tryumfalny pochód do karczmy.

— Comment vas-tu, Magda ? Quand je te dis : « Comment vas-tu ? » cela signifie : « Comment vas-tu ? » et pas autre chose. Et sais-tu le français ? folle que tu es ! *Musié ! Musié !* Qui, M*usié ?* Moi, *Musié.* Tu comprends ?

— Mais qu'est-ce que tu as ?

— Qu'est-ce que ça peut te faire ? *Was?* (Quoi ?) *Donne dîner !* Tu comprends ?

Sous le front de Magda un orage commençait à se former.

— En quelle langue beugles-tu ? Est-ce que tu ne sais plus le polonais ? Ah ! Prussien ! J'avais raison ! Vois ce qu'ils ont fait de toi !

— Donne-moi quelque chose à manger.

— Entre à la maison. Allons, marche !

Tout commandement ferme faisait sur Bartek une impression à laquelle il ne pouvait pas résister. Quand il entendit sa femme dire : « Marche », il se redressa, allongea ses bras, ouvrit les mains, et faisant un demi-tour régulier, partit du pied automatique des Prussiens dans la direction indiquée. Sur le seuil, il se reprit et regarda sa femme avec étonnement.

— Eh bien, qu'est-ce qu'il y a, Magda ? Qu'est-ce qu'il y a ?

— En avant ! Marche !

Il entra dans la maison, mais tomba dès les premiers pas. L'eau-de-vie agissait sur sa tête faible ; il se mit à chanter et à chercher Franek. Il dit même : « *Morgen, Kerl* », bien que l'enfant ne fût pas là. Ensuite il éclata de rire, fit un grand pas et deux tout petits, cria : « Hourrah ! » et s'allongea de toute sa taille sur le plancher.

Il se réveilla le soir, dégrisé, caressa Franek, et prenant de l'argent se dirigea pour une campagne triomphante vers l'auberge.

Sława jego czynów poprzedziła go już w Pognębinie, gdyż niektórzy żołnierze innych kompanii tego samego pułku, wróciwszy wcześniej, opowiadali jego przewagi pod Gravelotte i Sedanem. Obecnie, gdy się wieść rozeszła, że zwycięzca jest w karczmie, wszyscy dawni towarzysze pośpieszyli go zobaczyć.

Siedzi więc nasz Bartek za stołem, niktby go teraz nie poznał. On, taki dawniej potulny, bije oto pięścią w stół, puszy się jak indyk i gulgoce jak indyk.

— A pamiętacie, chłopcy, jakem tedy Francuzów sprał: co powiedział Steinmec?

— Co nie mamy pamiętać!

— Gadali za Francuzami, straszyli, a to jest mdły naród, *was?* Ony sałatę jedzą jak zające, to i umykają jak zające. A piwa to ci nie piją, ino dycht wino.

— Juści.

— Jakeśma palili jaką wieś, to ony ręce składały i zaraz krzyczały: pitie! pitie! to niby znaczy, że dadzą picie, że im co ino daj spokój. Aleśma nie zważali.

— To to można zrozumieć, jak ony szwargoczą? — spytał młody parobczak.

— Ty nie rozumiesz, boś głupi, a ja rozumiem. *Done di pę*, rozumiesz?

— Co zaś padacie?

— A Paryż widzieliśta? Tam ci były batalie jedna za drugą. Ale w każdej pobiliśma. Ony komendy dobrej nie mają. Tak też ludzie mówili. Płot, powiadają, u nich też dobry, ale kołki kiepskie. I oficery kiepskie, i generały kiepskie, a z naszej strony dobre.

Maciej Kierz, stary, mądry gospodarz z Pognębina, począł kiwać głową.

Sa célébrité l'avait déjà précédé à Pognembin, où d'autres soldats de son régiment étaient rentrés avant lui et avaient raconté ses prouesses à Gravelotte et à Sedan. Et ce jour, lorsque le bruit se répandit que le grand vainqueur était au cabaret, tous ses anciens compagnons se hâtèrent pour le voir.

Notre Bartek s'était déjà assis à une table. Et personne ne le reconnaissait. Lui qui se montrait si soumis et si doux autrefois, donnait de grands coups de poing, s'enflait et buvait comme quatre.

— Vous rappelez-vous, enfants, comment j'ai éparpillé les Français, et ce que Steinmetz a dit ?

— Pourquoi ne nous le rappellerions-nous pas ?

— On disait tant de choses de ces Français. Mais c'était pour nous effrayer. *Was?* Ils sont faibles. D'ailleurs ils ne boivent pas de bière ; ils ne boivent que du vin.

— Est-ce vrai ?

— Quand nous brûlions un village, ils joignaient les mains et criaient : « Pitié ! pitié ! » ce qui signifiait qu'il fallait les épargner. Mais nous n'y faisions pas attention.

— Est-ce qu'on peut comprendre leur langage ? demanda un jeune homme.

— Tu ne le pourrais pas, toi, parce que tu es trop bête. Mais moi ! *Dôn di pen* (donne du pain). Tu comprends ?

— Qu'est-ce que c'est que ça ?

— Mais vous n'avez pas vu Paris. Là, il y avait des batailles les unes après les autres. Et nous les gagnions toutes. Ils n'avaient pas de bons chefs. Les officiers étaient fous, et les généraux aussi.

Matsei Kyerz, un vieux et sage paysan de Pognembin, commençait à hocher la tête.

— Oj wygrały Niemcy straszną wojnę, wygrały, a myśma im pomogli; ale co nam z tego przyjdzie, Bóg jeden wie.

Bartek wytrzeszczał na niego oczy.

— Co gadacie?

— Toż Niemcy i tak nie chcieli nas szanować, a teraz to ci nosy pozadzierały, jakby i Boga już nad nimi nie było. I będą jeszcze gorzej nas poniewierać, albo już poniewierają.

— A nieprawda! — rzekł Bartek.

W Pognębinie stary Kierz miał taką powagę, że cała wieś myślała wedle jego głowy, i zuchwalstwem było mu przeczyć, ale Bartek był teraz zwycięzcą i sam powagą.

Wszelako oni spojrzeli na niego ze zdziwieniem, a nawet z pewnem oburzeniem.

— Cóż ty z Maciejem będziesz się spierał?... Cóż ty?...

— Co mi ta Maciej! Ja nie z takimi gadałem, rozumita! Chłopcy! czy nie gadałem ze Steinmecem? was? A kiej Maciej zmyśla, to zmyśla. Tera nam będzie lepiej.

Maciej popatrzał chwile na zwycięzcę.

— Oj, ty głupi! — rzekł.

Bartek uderzył pięścią w stół, aż podskoczyły wszystkie kieliszki i kufle.

— *Still der Kerl da! Hau, Stroh!...*

— Cicho, nie wrzeszcz! Spytaj się, głupi, jegomości, albo i pana.

— Oh ! les Allemands ont gagné une terrible guerre ! Et nous les y avons aidés. Reste à savoir, maintenant, ce que cela nous rapportera.

Bartek le regarda fixement.

— Qu'est-ce que vous dîtes ?

— Avant la guerre les Allemands s ne nous regardaient même pas, et maintenant ils lèvent si haut la tête qu'ils ne voient même plus Dieu au-dessus d'eux. Ils nous insulteront plus que jamais. Et ils ont déjà commencé.

— Ce n'est pas vrai ! dit Bartek.

À Pognembin, le vieux Kyerz avait tant d'influence que le village entier pensait par sa tête, et que l'on considérait comme une insolence de le contredire. Mais Bartek était maintenant un vainqueur, et par conséquent une autorité.

Cependant on le regardait avec étonnement, et même avec une certaine indignation.

— Quoi ? Tu veux te disputer avec Matsei ? À quoi penses-tu ?

— Qu'est-ce que peut me faire Matsei ? J'ai parlé à des hommes qui le valaient bien. Vous entendez ? Est-ce que je n'ai pas parlé à Steinmetz ? *Was?* Mais tout ce qu'invente Matsei est faux. Maintenant, nous serons mieux.

Le vieillard regardait Bartek.

— Oh ! mais, tu es stupide ! dit-il.

Bartek donna un tel coup de poing sur la table que les verres et les pots sautèrent.

— *Still der kerl da! Hea! Stroh!* (Silence, camarade ! Foin ! Paille !)

— Tiens-toi tranquille. Ne fais pas de scandale. Demande plutôt à un seigneur, et tu verras ce qu'il te dira.

— Albo jegomość na wojnie był? albo pan był? A ja byłem. Nie wierzta chłopcy. Tera ci nas zaczną szanować. Kto batalię wygrał? Myśma wygrali. Ja wygrałem. Tera o co ci poproszę, to dadzą. Bym chciał dziedzicem we Francyi ostać, to ostanę. Rząd dobrze wie, kto najlepiej prał Francuzów. A nasze pułki były najlepsze. Tak pisało w rozkazach. Tera Polaki górą — rozumieta?

Kierz machnął ręką, wstał i poszedł. Bartek i na polu politycznem odniósł zwycięstwo. Młodzi, którzy z nim zostali, patrzali teraz w niego jak w tęczę. On mówił:

— A ja czegobym nie chciał, to dadzą. Żeby nie ja, to no! Stary Kierz jest kiep: rozumieta? Rząd każe bić, to bić! Kto mnie będzie poniewierał? Niemiec? A to co?

Tu znów pokazał krzyże i medale.

— A za kogo prałem Francuzów? Nie za Niemców, co? Ja tera lepszy jak Niemiec, bo żaden Niemiec niema tyle tego. Piwa dajta! Ze Steinmecem gadałem i z Podbielskim gadałem. Piwa dajta!

Zwolna zabierało się na pijatykę. Bartek począł śpiewać:

» *Trink, trink, trink!*
Wenn in meiner Tasche
Noch ein Thaler klingt... «

Nagle wydobył z kieszeni garść fenigów.

— Le seigneur était-il à la guerre, ou ici ? Moi, j'étais à la guerre. Ne le croyez pas, enfants. C'est au contraire maintenant qu'on va nous respecter. Qui a gagné la bataille ? Nous ! Moi ! Maintenant, on me donnera tout ce que je demanderai. S'il me plaisait d'être propriétaire en France, je le serais demain. Le gouvernement sait bien quels sont les régiments qui se sont le mieux battus. Ce sont les nôtres ; c'est écrit dans les ordres. Les Polonais sont bien vus partout, maintenant. Vous m'entendez ?

Kyerz se frotta les mains, se leva et sortit. Bartek avait aussi la victoire sur le terrain politique. Les jeunes gens qui restaient maintenant avec lui l'admiraient comme un arc-en-ciel.

— Oui. Quoi que je demande on me le donnera. S'ils ne m'avaient pas eu ! Kyerz est un vieux fou, vous m'entendez. Le gouvernement a commandé de se battre, battez-vous ! Qui donc s'opposerait à moi ? Un Allemand ? Mais tout ceci ?

Il montrait ses croix et ses médailles.

— Et pour qui ai-je battu les Français ? Pour les Allemands, n'est-ce pas ? Et maintenant je suis meilleur qu'un Allemand, car il n'y a pas un Allemand qui ait autant de médailles que moi. De la bière ! J'ai causé avec Steinmetz et j'ai causé avec Podbielski. Apporte de la bière !

Tout se préparait pour une orgie. Bartek se mit à chanter :

À boire ! à boire ! à boire !
Tant que dans ma bourse
Un thaler sonne

Soudain, il tira de sa poche une poignée de *pfennigs*.

— Bierzta! ja teraz pan... Nie chceta? Oj nie takich my pieniędzy we Francyi nabrali, ino że poszło. Mało to my nie napalili, ludzi nabili!... Bóg wie nie kogo... francirerów...

Humor ludzi pijanych miewa nagłe zmiany. Nadspodziewanie Bartek zgarnął pieniądze ze stołu i począł wołać żałośnie:

— Boże! bądź miłościw grzesznej duszy mojej.

Następnie podparł się obu łokciami na stole, głowę ukrył w łapy, i milczał.

— Co ci jest? — spytał któryś z pijanych.

— Com im winien? — mruknął ponuro Bartek. — Sami leźli! Ino mi ich było żal, bo swojaki oba. Boże, bądź miłościw! Jeden był jak ta zorza rumiana. Nazajutrz to ci był blady jak chusta. A potem to ci ich jeszcze żywych przysypali... Wódki!

Nastała chwila posępnej ciszy. Chłopi spoglądali jeden na drugiego ze zdziwieniem.

— Co on prawi? — spytał któryś.

— Ze sumieniem coś gada.

— Bez tę wojnę człowiek pije — mruknął Bartek.

Napił się wódki raz i drugi. Chwilę posiedział w milczeniu, potem splunął, i niespodzianie wrócił mu dobry humor.

— A wyśta gadali ze Steinmecem?... A ja gadałem! Hurra! Pijta. Kto płaci? Ja!

— Ty płacisz, pijaku, ty! — ozwał się głos Magdy. — Ale i ja ci zapłacę, nie bój się!

Bartek popatrzał na przybyłą kobietę szklanemi oczyma.

— A ze Steinmecem gadałaś? coś za jedna?

Prends cela ! Je suis un seigneur, maintenant. Tu n'en veux pas ? Oh ! ce n'est pas cette sorte de monnaie que nous prenions en France mais elle est partie. Et nous avons brûlé et tué Dieu sait combien de francs-tireurs…

L'humeur des hommes ivres change sans qu'on sache pourquoi. Inopinément, Bartek ramassa son argent et se mit à crier piteusement :

— Ô Dieu ! aie pitié de moi, pauvre pécheur !

Puis il mit ses coudes sur la table, cacha sa figure dans ses mains et demeura silencieux.

— Qu'est-ce que tu as ? lui demanda un de ses compagnons.

— Qui me blâmerait ? murmurait Bartek à voix sombre. Ils sont venus d'eux-mêmes. J'étais peiné pour eux, car tous deux étaient mes compatriotes. Ô Dieu ! sois clément. L'un des deux était aussi frais qu'une jeune fille, mais le lendemain matin il était aussi blanc qu'un drap. Et on les a couverts de terre tous deux pendant qu'ils vivaient encore. De l'eau-de-vie !

Un profond silence suivit. Les buveurs se regardaient avec étonnement.

— Qu'est-ce qu'il dit ?

— Il cause avec sa conscience.

— Sans guerre un homme boit, dit encore Bartek.

Il but deux verres d'eau-de-vie ; puis il se tut ; puis il cracha. Puis la bonne humeur lui revint subitement.

— Et vous, avez-vous causé avec Steinmetz ? Moi, j'ai causé avec lui. Hourrah ! À boire ! Qui paiera ? Moi !

— C'est toi qui paieras, ivrogne ? cria tout à coup la voix de Magda. Mais c'est moi qui te paierai ensuite.

Bartek regardait sa femme avec des yeux vitreux.

— Mais… as-tu causé avec Steinmetz ? Qui es-tu ?

Magda, zamiast mu odpowiedzieć, zwróciła się do czułych słuchaczów i poczęła lamentować:

— Oj ludzie, ludzie, widzita mój srom i moją niedolę? Wrócił, ucieszyłam się jak komu dobremu, a on wrócił pijany. I Boga zapomniał, i po polsku zapomniał. Położył się spać, wytrzeźwiał, a teraz znowu pije, i moją pracą, moim potem płaci. A skądeś wziął tych pieniędzy? Nie mój że to starunek, nie moja krwawica? co? Oj, ludzie, ludzie, nie katolik to już, nie człowiek, to je Niemiec opętany, co po niemiecku szwargoce i na krzywdę ludzką dybie. To jest odmieniec, to jest...

Tu kobieta zalała się łzami, następnie podniosła głos o oktawę wyżej:

— Głupi był, ale dobry; ale teraz co z niego zrobili? Czekałam-ci go wieczór, czekałam i rano, i doczekałam się. Znikąd pociechy, znikąd zmiłowania! Boże mocny! Boże cierpliwy!... Żebyś ty skołowaciał, żebyś do reszty Niemcem ostał!

Ostatnie słowa skończyła tak żałośnie, że prawie śpiewając. A Bartek na to:

— Cichoj, bo cię lunę!

— Bij, utnij głowę, utnij zaraz, zabij, zamorduj! — woła natarczywie kobieta, i wyciągnąwszy szyję, zwróciła się do chłopów:

— A wy, ludzie, patrzajta.

Ale chłopi poczęli się wynosić. Wkrótce karczma opustoszała; został tylko Bartek i baba z wyciągniętą szyją.

— Cóż tę tchawicę wyciągasz, jak gęś — mruknął Bartek. — Chodź do chałupy.

Magda, au lieu de lui répondre, se tourna vers l'auditoire et gémit :

— Ô hommes ! hommes ! vous voyez ma honte et ma souffrance. Il est revenu. Je me réjouissais de son retour ; mais il est rentré ivre, et ayant oublié Dieu, ayant oublié le polonais. Il s'est endormi ; il s'est dégrisé, et le voilà qui boit encore, et qui paie avec ma sueur. Où as-tu pris cet argent ? Est-ce que ce n'était pas ma fatigue, ma sueur de sang ? Ô hommes ! ce n'est plus un catholique ! ce n'est plus un des vôtres. Il boit comme un Allemand ; il baragouine comme un Allemand ; il ne sait plus faire que le mal ; c'est un... c'est un...

Ici la pauvre femme fondit en pleurs. Puis elle éleva sa voix un octave plus haut.

Il était stupide, mais il était bon. Voyez ce qu'ils en ont fait. J'attendais après toi le soir ; j'attendais le matin ; j'ai attendu jusqu'à ce que tu reviennes. Il n'y a plus de consolation ; il n'y a plus de merci pour moi ! Dieu de puissance ! Dieu de patience ! Puisses-tu te transformer en Prussien tout à fait !

Elle termina ces mots dans une seconde crise de armes et de désespoir. Mais Bartek lui répondit simplement :

— Tiens-toi tranquille, ou je te tombe dessus.

— Frappe ! Coupe-moi la tête ! coupe-la tout de suite. Tue-moi, assassin ! criait Magda, obstinément, en tendant son cou.

Puis, se tournant vers les compagnons de Bartek :

— Et vous, hommes, soyez témoins !

Mais les hommes sortaient un à un. Bientôt l'auberge fut vide ; il n'y resta que Bartek et sa femme, le cou toujours tendu.

— Pourquoi sors-tu ta tête comme une oie ? Rentre à la maison.

— Utnij! — powtarzała Magda.

— Oto, że nie utnę — odparł Bartek i wsadził ręce w kieszenie.

Tu karczmarz chcąc położyć koniec zajściu, zgasił jedyną święcę. Zrobiło się ciemno i cicho. Po chwili w ciemności rozległ się piskliwy głos Magdy:

— Utnij!

— Oto, że nie utnę — odparł tryumfalny głos Bartka.

Przy świetle księżyca widać było dwie postacie, idące od karczmy ku chałupom. Jedna z nich, idąca naprzód, lamentowała głośno: to była Magda; za nią, ze spuszczoną głową, postępował dość pokornie, zwycięzca z pod Gravellotte i Sedanu. ❖

— Coupe !

— Je ne veux rien couper ! répondit Bartek. Et il mit les mains dans ses poches.

Ici l'aubergiste, qui désirait mettre fin à l'incident, éteignit son unique chandelle. Il se fit tout à coup de l'obscurité et du silence. Au bout d'un certain temps on entendit encore la voix de Magda, affaiblie :

— Coupe-moi la tête.

— Je ne veux rien couper ! répondit la voix triomphante de Bartek.

Et sous la lumière de la lune, on vit bientôt deux silhouettes qui s'en allaient de l'auberge à la ferme ; l'une, en avant, se lamentait à voix haute. C'était celle de Magda. Derrière elle, la tête basse, marchait à une allure assez soumise le vainqueur de Gravelotte et de Sedan. ■

7

Bartek wrócił jednak tak osłabiony, że przez kilka dni nie mógł pracować. Było to wielkie nieszczęście dla całego gospodarstwa, które na gwałt potrzebowało męskiej ręki. Magda radziła sobie jak umiała. Pracowała od ranka do nocy; sąsiedzi czemierniccy pomagali jej jak mogli, ale swoją drogą wszystko to nie wystarczało, i gospodarstwo szło potrochu w ruinę. Było też już i nieco długów, zaciągniętych u kolonisty Justa, Niemca, który w Pognębinie zakupił był w swoim czasie u dworu kilkanaście morgów nieużytków, a teraz miał najlepsze w całej wsi gospodarstwo i gotówkę, którą wypożyczał na dość wysokie procenta. Wypożyczał przedewszystkiem dziedzicowi, p. Jarzyńskiemu, którego nazwisko jarzyło się w „Złotej księdze", ale który dlatego właśnie musiał podtrzymywać splendor domu na odpowiedniej stopie; wypożyczał jednak Just i chłopom. Magda winna mu była od pół roku kilkadziesiąt talarów, które częścią włożyła w gospodarstwo, częścią posyłała w czasie wojny Bartkowi. Byłoby to jednak nic. Bóg dał dobre urodzaje, i z przyszłych plonów można było dług spłacić, byle rąk i pracy przyłożyć. Na nieszczęście, Bartek pracować nie mógł. Magda nie bardzo chciała temu wierzyć i chodziła do proboszcza na narady, jakby chłopa rozruszać, a on rzeczywiście nie mógł. Brakło mu oddechu,

7

Bartek rentra, mais si faible qu'il ne put travailler pendant quelques jours. Et c'était un grand malheur pour toute la maison, qui avait bien besoin de la main d'un homme. Magda en faisait le plus qu'elle pouvait, travaillant du matin jusqu'au soir. Leurs voisins, les Chemyenitski, les aidaient autant qu'il leur était possible. Mais ce n'était pas suffisant, et le ménage s'en allait doucement à la ruine. Magda avait emprunté de l'argent à un homme de la colonie allemande nommé Just, qui avait acheté dans le temps quelques hectares de pauvre terre, et qui maintenant occupait une des plus hautes situations du pays, en prêtant son argent à gros intérêts. Il en avait prête d'abord à Yarzynski, le seigneur du pays, et il en prêtait dès lors aux paysans. Magda lui devait depuis environ six mois quelques dizaines de thalers, qu'elle avait dépensés à la maison ou quelle avait envoyés à Bartek. Cependant ce n'était rien. Dieu avait envoyé de bonnes moissons, et des fruits qui allaient être récoltés, la dette pourrait être éteinte s'il se trouvait des mains pour travailler. Malheureusement Bartek ne le pouvait pas. Magda ne le croyait qu'à moitié, et alla jusqu'à consulter le prêtre pour savoir comment le réveiller, mais c'était la vérité. La respiration lui manquait

gdy się cokolwiek strudził, i krzyże go bolały. Siadywał więc po całych dniach przed chałupą i palił porcelanową fajkę z wyobrażeniem Bismarcka w białym mundurze i kirasyerskim hełmie na głowie, i spoglądał na świat zmęczonem, sennem okiem człowieka, z którego kości trud jeszcze nie wyszedł. Rozmyślał przytem trochę o wojnie, trochę o zwycięstwach, o Magdzie, trochę o wszystkiem, trochę o niczem.

Raz gdy tak siedział, usłyszał zdala płacz Franka.

Franek wracał ze szkoły i beczał aż się rozlegało.

Bartek wyjął z ust fajkę.

— No, ty Franc! co ci jest?

— Ale, co ci jest?... — powtórzył szlochając Franek.

— Czego beczysz?

— Ale co nie mam beczyć, kiedym dostał po pysku...

— Kto ci dał po pysku?

— Kto, jak nie pan Boege!

Pan Boege pełnił obowiązki nauczyciela w Pognębinie.

— A on co ma za prawo bić cię po pysku?

— Juści ma, bo dał.

Magda, która okopywała w ogrodzie, przelazła przez płot i z motyką w ręku zbliżyła się do dziecka.

— Cóżeś sprawił? — spytała.

— Com miał sprawić? Jeno Boege nawymyślał mi od polskich świń, i dał mnie w pysk, i powiedział, że jak teraz Francuzów zwojowały, to nas będą nogami kopać, bo ony najmocniejsze. A ja jemu nic nie zrobiłem, jeno on się pytał, jaka jest największa osoba na świecie, a ja powiedziałem, że Ojciec Święty, a on mi dał w pysk, a ja począłem krzyczeć, a on nawymyślał mi od polskich świń i powiedział, że jak teraz Francuzów zwojowały...

dès qu'il faisait un ouvrage un peu dur, et le dos lui faisait mal. Il restait de longues journées assis devant la ferme, fumant une pipe de porcelaine sur laquelle se trouvait le portrait de Bismark en uniforme de cuirassier blanc. Bartek regardait le monde avec les yeux ensommeillés d'un homme qui a encore de la fatigue au fond des os. En même temps, il méditait un peu sur la guerre, un peu sur ses victoires, un peu sur Magda, un peu sur tout et un peu sur rien.

Un jour, il entendit de loin les pleurs de Franek.

Franek revenait de l'école, et sanglotait de manière à être entendu de tout le village.

Bartek ôta sa pipe de sa bouche.

— Qu'est-ce que tu as, Franek ? Pourquoi pleures-tu ?

— Parce qu'on m'a donné une claque.

— Et qui t'a donné une claque ?

— Monsieur Bœge.

M. Bœge remplissait les fonctions d'instituteur à Pognembin.

— Et quel droit avait-il de te donner une claque ?

— Il l'avait, puisqu'il m'a battu.

Magda, qui bêchait dans la jardin, arriva, son outil à la main.

— Qu'est-ce que tu as fait ?

— Rien. Mais M. Bœge m'a appelé cochon polonais, et il m'a donné une claque, et il m'a dit que maintenant qu'ils avaient battu les Français, ils allaient nous mater, parce qu'ils sont les plus forts. Mais, je ne lui ai rien fait. Il m'a seulement demandé quelle était le plus haute personne du monde. Et j'ai dit : « Le Saint Père ». Et M. Bœge m'a battu. J'ai crié, et il m'a appelé cochon polonais, et il m'a dit que maintenant qu'ils avaient battu les Français…

Franek począł powtarzać wkółko: „a on powiedział, a ja powiedziałem"; wreszcie Magda zakryła mu twarz ręką, a sama, zwróciwszy się do Bartka, poczęła wołać:

— Słyszysz! słyszysz!... Idź ty wojuj Francuzów, a niech ci dziecko potem Niemiec tłucze, jak tego psa! niech mu wymyśla!... Idź ty wojuj... niech ci Szwab dziecko zabija: masz nagrodę... niech ci plucha...

Tu Magda, rozczulona własną wymową, zaczęła także płakać do wtóru z Frankiem, a Bartek wytrzeszczył oczy, otworzył gębę i zdumiał — zdumiał tak, iż słowa nie mógł przemówić, a przedewszystkiem zrozumieć tego, co się stało. Jak to? A jego zwycięstwa... Siedział jeszcze chwilę w milczeniu, nagle błysło mu coś w oczach, krew rzuciła się do twarzy. Zdumienie, równie jak przestrach, częstokroć u prostaczków przechodzi we wściekłość. Bartek zerwał się nagle i wyrzucił przez zaciśnięte zęby:

— Ja się z nim rozmówię.

I poszedł. Niedaleko było. Szkoła leżała tuż za kościołem. Pan Boege stał właśnie przed gankiem, otoczony gromadką prosiąt, między które rozrzucał kawałki chleba.

Był to rosły człowiek, lat około pięćdziesięciu, krzepki jeszcze jak dąb. Nie był zbyt tłusty, twarz tylko miał bardzo tłustą, a w tej twarzy pływały duże rybie oczy, z wyrazem śmiałości i energii.

Bartek przystąpił do niego bardzo blizko.

— Za co ty mi, Niemcze, dziecko bijesz? *was?* — spytał.

Pan Boege odstąpił od niego kilka kroków, zmierzył go oczyma bez cienia bojaźni i rzekł z flegmą:

— Won, polska „turnia!"

— Za co dziecko bijesz? — powtórzył Bartek.

Franek répétait son histoire : « Et il m'a dit ; et je lui ai dit... » Enfin Magda couvrit sa face de sa main, et se tournant vers Bartek, elle cria :

— Tu entends ! Tu entends ! Va-t-en, toi, battre les Français, et laisse un Allemand battre ton fils comme il ferait d'un chien. Va. Bats-toi ! Laisse battre ton enfant. Tu as ta récompense, maintenant !

Magda, émue de ses propres paroles, se mit à pleurer comme Franek. Bartek regardait devant lui, la bouche ouverte, et était si stupéfié qu'il ne pouvait pas parler. Par dessus tout, il ne pouvait rien comprendre à ce qui arrivait. Eh ! bien ? Et ses victoires ? Il resta longtemps sans rien dire. Enfin, quelque chose brilla dans ses yeux, et le sang monta à sa face. La surprise, aussi bien que la terreur, se transforme souvent en rage chez les gens simples. Bartek sauta de son banc et se mit en marche, les dents serrées.

— Je vais lui parler.

Ce n'était pas loin. L'école se trouvait juste derrière l'église. Bœge était à ce moment debout devant sa porte, entouré d'une bande de porcs auxquels il distribuait du pain.

C'était un homme grand, de cinquante ans environ ; une face avec des yeux de poisson respirant l'orgueil et l'énergie. Bartek vint tout auprès de lui.

— Pourquoi as-tu battu mon fils, Allemand ? *Was?*

Bœge recula de quelques pas, mesura Bartek sans une ombre de peur dans le regard, et lui dit simplement :

— Va-t-en.

— Pourquoi as-tu battu mon fils ? répéta Bartek.

— Ja i ciebie bić, polska „chama!" Teraz my wam pokażemy, kto tu pan. Idź do dyabeł, idź na skargę do sąd... precz!

Bartek, schwyciwszy nauczyciela za ramię, począł potrząsać nim silnie, wołając chrapliwym głosem:

— Wiesz, com za jeden? wiesz, kto Francuzów sprał? wiesz, kto ze Steinmecem gadał? Za co dziecko bijesz, szwabska plucho?

Rybie oczy pana Boego wylazły na wierzch, nie gorzej Bartkowych, ale pan Boege był silny człowiek i postanowił jednym zamachem uwolnić się od napastnika...

Zamach ten ozwał się potężnym policzkiem na twarzy zwycięzcy z pod Gravelotte i Sedanu. Wtedy chłop stracił pamięć. Głowa Boegego wstrząsnęła się dwoma nagłymi ruchami, przypominającymi ruch wahadła, z tą różnicą, że wstrząśnienia były przerażająco szybkie. W Bartku znów zbudził się straszliwy pogromca turkosów i żuawów. Napróżno dwudziestoletni Oskar, syn Boegego, chłop równie silny jak ojciec, pośpieszył mu z pomocą. Zawiązała się walka krótka, straszna, w której syn padł na ziemię, a ojciec uczuł się wyniesionym w powietrze. Bartek, wyciągnąwszy ręce do góry, niósł go, sam nie wiedząc dokąd. Na nieszczęście, pod chałupą stała beczka z pomyjami, skrzętnie zlewanemi dla świń przez panią Boegową, i oto bulknęło w beczce, a po chwili widać z niej było sterczące nogi Boegego i poruszające się gwałtownie. Boegowa wypadła z domu:

— Pomocy! ratunku!

Z poblizkich domów koloniści pośpieszyli na pomoc sąsiadom.

— Je vais te battre toi-même, canaille polonaise. Et nous allons voir qui sera le maître, ici. Va-t-en au diable ! Va-t-en te plaindre au tribunal ! Dehors !

Bartek saisit l'instituteur par les épaules et se mit à le secouer de telle façon que l'autre pouvait à peine respirer. Il lui criait en même temps :

— Sais-tu qui je suis ? Sais-tu qui a battu les Français ? Sais-tu qui a causé avec Steinmetz ? Pourquoi battre mon fils, coquin, rustre ?

Les yeux de poisson de Bœge lui sortaient de la tête ; mais c'était un homme solide ; il détermina de se débarrasser de son agresseur d'un coup.

Et ce coup fut un coup de poing bien appliqué sur le visage du vainqueur de Gravelotte et de Sedan. Là-dessus, Bartek perdit tout sang-froid. La tête de Bœge fut saisie par deux mouvements rappelant les mouvements d'un balancier de pendule, mais d'une rapidité beaucoup plus grande. En Bartek, le terrible assommeur avait reparu. C'est en vain que le jeune Oscar, fils de Bœge et âgé de douze ans, fort comme son père, accourut à son secours. Une lutte s'engagea, courte et terrible, au cours de laquelle le fils fut jeté à terre, et le père soulevé en l'air. Bartek, à bras tendus, l'emportait, sans savoir où lui-même. Malheureusement, un baril se trouvait près de là, plein de toutes sortes de nourritures étranges préparées pour les gorets. L'instituteur y plongea la tête la première. Sa femme accourut.

— À l'aide ! Au secours !

La bonne femmes, avec beaucoup de présence d'esprit, renversa le baril, et vida sur la chaussée tout ce qui s'y trouvait, son mari et la nourriture des cochons.

Kilkunastu Niemców rzuciło się na Bartka, i poczęli okładać go to kijami, to pięściami. Powstało ogólne zamieszanie, w którem trudno było odróżnić Bartka od wrogów: kilkanaście ciał zbiło się w jedną masę, poruszającą się konwulsyjnie.

Nagle jednak z masy walczących wypadł jak szalony Bartek, dążąc co sił do płotu.

Niemcy skoczyli za nim, jednocześnie jednak dał się słyszeć przeraźliwy trzask płotu, i w tejże chwili potężna żerdź zakołysała się w żelaznych łapach Bartka.

Odwrócił się zapieniony, wściekły, wzniósł ręce z żerdzią do góry: pierzchli wszyscy.

Bartek sunął za nimi.

Szczęściem, nie dogonił nikogo. Przez ten czas ochłonął i począł rejterować ku domowi. Ach! gdyby miał przed sobą Francuzów! Odwrót tem unieśmiertelniłaby historya.

Było tak: napastujący w liczbie blizko dwudziestu ludzi, zebrawszy się, nacierali na nowo na Bartka. On cofał się zwolna, jak odyniec party przez psiarnię. Chwilami odwracał się i zatrzymywał, a wtedy zatrzymywali się i goniący. Żerdź przejmowała ich zupełnym szacunkiem.

Ciskali jednak kamieniami, jeden z tych kamieni zranił Bartka w czoło. Krew zalewała mu oczy. Czuł, że słabnie. Zachwiał się raz i drugi na nogach, opuścił żerdź i upadł.

— Hurra! — krzyknęli koloniści.

Ale nim dobiegli, Bartek podniósł się znowu. To ich wstrzymało. Ten ranny wilk mógł jeszcze być niebezpieczny. Zresztą było to już niedaleko pierwszych chałup, i zdala widać już było kilku parobków, pędzących co siły na plac potyczki. Koloniści cofnęli się do domów.

Les colons Allemands se hâtaient déjà des maisons voisines pour secourir leur compatriote. Ils se jetèrent sur Bartek et se mirent à le frapper à coups de bâtons et à coups de poings. Un chaos général s'ensuivit au milieu duquel il eût été difficile de distinguer Bartek de ses ennemis. On ne voyait que des corps s'agitant convulsivement.

Et tout à coup, Bartek s'élança de la masse des combattants, sauvage, et courant de toute sa force vers une haie.

Les Allemands coururent après lui, mais à ce moment un craquement se fit entendre, et Bartek brandit une énorme massue qu'il venait d'arracher.

Il se retourna, l'écume à la bouche, furieux, les bras hauts et l'arme menaçante. Tout le monde s'enfuit.

Bartek poursuivit à son tour.

Heureusement, il ne tua personne. Puis il revient à lui-même, et se mit en retraite vers sa ferme.

Alors ses ennemis se rallièrent et le pressèrent de nouveau. Il reculait lentement, comme un sanglier assailli par les chiens. Parfois, il se retournait et s'arrêtait ; les poursuivants suivaient fidèlement son exemple. La massue avait gagné leur respect le plus complet.

Ils ramassèrent des pierres et les lancèrent. L'une d'elles atteignit Bartek au front. Il sentit qu'il allait faiblir. Il chancela pendant deux secondes, lâcha son arme et tomba.

— Hourrah ! crièrent les colons.

Mais avant qu'ils fussent là, Bartek s'était déjà relevé. La prudence revint aux Allemands. Le loup blessé pouvait être dangereux encore. En outre, les maisons polonaises n'étaient pas loin, et des paysans accouraient à toute vitesse vers la scène du combat. Les colons se retirèrent vers la partie du village qu'ils habitaient.

— Co się stało? — pytali nadbiegli.

— Niemców krzynę pomacałem — odpowiedział Bartek. I zemdlał. ❖

— Qu'est-il arrivé ? demandèrent ceux qui arrivèrent les premiers auprès de Bartek.

— J'ai dressé les Allemands, répondit-il.

Et il s'évanouit. ∎

႙

∫prawa stała się groźną.

Gazety niemieckie umieściły nader wzruszające artykuły o prześladowaniach, jakich doznaje spokojna ludność niemiecka od barbarzyńskiej i ciemnej masy, podniecanej przez anti-państwowe agitacye i fanatyzm religijny. Boege stał się bohaterem. On, nauczyciel, cichy i łagodny, krzewiący oświatę na dalekich krańcach państwa; on, prawdziwy misyonarz kultury wśród barbarzyńców, pierwszy padł ofiarą rozruchu. Szczęściem, że za nim stoi sto milionów Niemców, którzy nie pozwolą, aby *itp.*

Bartek nie wiedział, jaka burza zbiera się nad jego głową. Owszem, był dobrej myśli. Był pewny, że w sądzie wygra. Przecie Boege mu dziecko pobił i jego pierwszy uderzył, a potem tylu na niego napadło! Musiał się przecie bronić. Rozbili mu jeszcze głowę kamieniem. I komu? jemu, którego wymieniały rozkazy dzienne, jemu, który „wygrał" bitwę pod Gravelotte, który gadał z samym Steinmecem, który miał tyle krzyżów!

L'affaire prit bientôt des proportions menaçantes.

Les journaux allemands insérèrent de articles fulminants contre les persécutions dont de paisibles compatriotes avaient à souffrir de la part d'une masse ignorante et barbare, excitée par des agitateurs anti-aristocrates et par le fanatisme religieux. Bœge devint un héros. Lui, l'instituteur si doux et si bienveillant, qui s'exilait aux frontières de l'État pour y vulgariser l'instruction ; lui, le véritable missionnaire de lumière au milieu de sauvages, était la première victime de leur furie. Il était heureux que derrière lui se trouvassent cent millions d'Allemands, qui ne permettraient pas… *etc…*

Bartek ne se doutait pas de l'importance de l'orage qui se formait au-dessus de sa tête ; mais c'était un bon cœur, et il était certain avoir gain de cause devant le tribunal. Bœge avait frappé son fils et l'avait frappé lui-même le premier ; puis tant d'autres l'avaient attaqué à la fois. Il s'était trouvé en cas de légitime défense. En outre, on lui avait ouvert la tête d'un coup de pierre. Et quelle tête ? La tête d'un homme cité à maint ordre du jour, la tête de l'homme qui avait gagné la bataille de Gravelotte, qui avait causé avec Steinmetz lui-même, et qui portait tant de croix.

Tam przecie będą wiedzieli, co on za jeden i co on na wojnie robił. Choćby nie kto inny, to Steinmetz ujmie się za nim. Przecie Bartek przez tę wojnę i zbiedniał, i chałupę zadłużył, toć przecie nie odmówią mu sprawiedliwości.

Tymczasem do Pognębina przyjechali po Bartka żandarmi. Spodziewali się widać strasznego oporu, bo przyjechało ich aż pięciu z nabitymi karabinami. Mylili się. Bartek o oporze nie myślał. Kazali mu na bryczkę siąść: usiadł. Magda desperowała tylko i powtarzała uparcie:

— Oj, trzebaż ci było tych Francuzów tak wojować? Maszże teraz, biedaku, masz.

— Cichoj, głupia! — odpowiadał Bartek i uśmiechał się po drodze dość wesoło do przechodzących.

— Ja im pokażę kogo skrzywdzili! — wołał z bryczki.

I ze swymi krzyżami na piersiach jechał jak tryumfator do sądu.

Jakoż sąd okazał się na niego łaskawy. Zgodzono się na istnienie okoliczności łagodzących. Bartek osobiście skazany został tylko na trzy miesiące więzienia.

Prócz tego skazano go na zapłacenie stu pięćdziesięciu marek tytułem wynagrodzenia rodzinie Boege i innym „obrażonym na ciele kolonistom”.

„Zbrodniarz wszelako — pisała w sprawozdaniu sądowem Posener Zeitung *— nietylko po odczytaniu mu wyroku nie okazał najmniejszej skruchy, ale wybuchnął tak grubijańskiemi słowy i tak bezczelnie począł wyrzucać państwu swoje rzekome usługi, iż dziwić się tylko należy, że obelgi względem sądu i względem niemieckiego plemienia...”*

On finirait bien par savoir qui il était, ce qu'il avait fait à la guerre. Et si au pis aller personne ne prenait son parti, Steinmetz le prendrait. D'autre part, Bartek était devenu pauvre, pendant la guerre ; sa ferme était engagée ; on ne lui dénierait pas la justice.

Cependant la police vint à Pognembin. Elle s'attendait à une résistance terrible et se présenta les fusils chargés. Mais elle s'était trompée. Bartek ne songeait pas à la résistance. On lui ordonna de monter dans une voiture ; il y monta. Magda était au désespoir. Elle répétait :

— Ah ! quel besoin y avait-il de tant battre les Français ? Tu as ce que tu voulais, maintenant, pauvre homme... Tu as ce que tu voulais !

— Tais-toi, lui répondait Bartek.

Et il souriait à ceux qu'il rencontrait.

— Je vais leur montrer qui a eu tort, disait-il.

C'est chamarré de toutes ses croix qu'il se présenta devant le Tribunal. Et de fait, le tribunal se montra indulgent, puisqu'il lui accorda le bénéfice des circonstances atténuantes. Bartek fut condamné à trois mois d'emprisonnement.

En outre, il lui fallait payer cent cinquante marks à la famille Bœge et aux autres colons malmenés, à titre de dommages et intérêts.

« Le criminel, cependant, dit la Posener Zeitung *(la Gazette de Posen) dans son compte-rendu, le criminel n'a fait preuve d'aucun repentir quand la sentence lui a été lue. Il a éclaté, au contraire, en injures violentes, a reproché au pays ses prétendus services, de telle sorte qu'il est surprenant que le procureur n'ait pas ouvert immédiatement contre lui de nouvelles poursuites. »*

Tymczasem Bartek rozpamiętywał w kozie spokojnie swoje czyny pod Gravelotte, Sedanem i Paryżem.

Popełnilibyśmy jednak niesprawiedliwość, twierdząc, że i postępek p. Boegego nie wywołał żadnej publicznej nagany. Owszem, owszem. Pewnego dżdżystego poranku jakiś poseł polski bardzo wymownie dowodził, jak zmieniło się postępowanie z Polakami w Poznańskiem, jak za męstwo i ofiary, poniesione przez poznańskie pułki w czasie wojny, należałoby dbać więcej o prawa ludzkości w poznańskiej prowincyi: jak nakoniec p. Boege z Pognębina nadużywał swej pozycyi nauczyciela, bijąc polskie dzieci, nazywając je polskiemi świniami i obiecując, że po takiej wojnie napływowa ludność będzie kopała nogami aborigenów.

I gdy tak poseł mówił, deszcz sobie padał, a ponieważ takiego dnia senność ludzi ogarnia, więc ziewali konserwatyści, ziewali national-liberalni i socyaliści, ziewało i centrum, bo było to jeszcze przed walką kulturną.

Wreszcie nad tą „polską skargą" Izba przeszła do porządku dziennego.

Bartek tymczasem siedział w kozie, a raczej leżał w szpitalu więziennym, bo od uderzenia kamieniem otworzyła mu się rana, którą na wojnie otrzymał.

Gdy nie miał gorączki, myślał, myślał jak ów indyk, który zdechł od myślenia. Ale Bartek nie zdechł, tylko nic nie wymyślił.

Czasem jednakże w chwilach, które nauka zwie *lucida intervalla*, przychodziło mu do głowy, że może niepotrzebnie tak „prał" Francuzów.

Cependant Bartek, en prison, méditait à loisir sur ses hauts faits de Gravelotte, de Sedan et de Paris.

Nous serions injustes, toutefois, en n'avouant pas que la conduite de Bœge était commentée dans le public. Elle l'était, elle l'était. Par un certain matin pluvieux, les membres polonais du Parlement montrèrent éloquemment à quel point le traitement envers les habitants de Poznan avait changé. Que, pour la bravoure des régiments polonais pendant la guerre et les pertes subies par eux, il conviendrait de penser un peu plus à leurs droits. Enfin, que Bœge avait abusé de sa situation d'instituteur à Pognembin, en frappant les enfants polonais, en les appelant porcs, et en affirmant qu'après une pareille guerre on userait avec plus de violence, vis-à-vis des habitants originaires, du droit du plus fort.

Pendant que les députés parlaient, la pluie tombait ; et, comme l'ennui avait saisi tout le monde, tout le monde bâillait.

Et en réponse à ces beaux discours, l'Assemblée reprit l'ordre du jour.

Pendant ce temps, Bartek était assis dans sa prison, ou plutôt couché à l'hôpital de la prison, car son coup de pierre avait fait rouvrir la blessure qu'il avait reçue pendant la guerre.

Quand il n'avait pas la fièvre, il pensait comme cette dinde de Turquie qui était morte d'avoir pensé. Bartek ne mourut cependant pas, car il ne sortait pas grand-chose de ses méditations.

Mais il lui arriva, dans ces moments que la science appelle des intervalles lucides, de songer que peut-être il s'était battu contre la France sans nécessité.

Na Magdę za to nadeszły ciężkie godziny. Trzeba było zapłacić karę: nie było skąd wziąć. Ksiądz pognębiński chciał pomódz, ale pokazało się, że w kasie nie miał całych czterdziestu marek. Biedna to była parafia ten Pognębin, a zresztą staruszek nigdy nie wiedział, jak mu się pieniądze rozchodzą. Pana Jarzyńskiego nie było w domu. Mówili, że pojechał w konkury do jakiejś bogatej panny do Królestwa.

Magda nie wiedziała co ma począć.

O przedłużeniu terminu nie było co i myśleć. Cóż więc? Sprzedać konie, krowy? I tak był przednówek, czas najcięższy. Żniwo się zbliżało, gospodarka wymagała pieniędzy, a wyczerpały się już wszystkie. Kobieta ręce łamała z rozpaczy. Podała kilka próśb o zmiłowanie do sądu, wymieniając zasługi Bartka. Nie otrzymała nawet odpowiedzi. Termin się zbliżał, a z nim i sekwestr.

Modliła się i modliła, wspominając gorzko dawne czasy przed wojną, gdy byli zamożni i gdy Bartek zimą jeszcze w fabryce zarabiał. Poszła do kumów pożyczyć pieniędzy: nie mieli. Wojna wszystkim dała się we znaki. Do Justa nie śmiała iść, bo i tak była mu winna, a nie płaciła nawet procentów. Tymczasem Just niespodzianie sam przyszedł do niej.

Pewnego popołudnia siedziała na progu chaty i nie robiła nic, bo ją siły z rozpaczy odeszły. Patrzała przed siebie, na gonące się po powietrzu muszki złote, i myślała: „Jakie to ono robactwo szczęśliwe, buja sobie i nie płaci *itp.*" Czasem wzdychała ciężko, lub z jej pobladłych ust wyrywało się ciche wezwanie: „O Boże! Boże!"

Et pour Magda des temps cruels étaient arrivés. Il fallait payer l'amende, et elle ne savait pas où trouver l'argent. Le curé de Pognembin aurait voulu l'aider, mais il n'avait pas quarante marks dans son propre trésor. La paroisse était pauvre, et le vieillard ne savait jamais comment son argent était dépensé. Le seigneur du pays, Yarzinsky, n'était pas là ; on disait qu'il était parti dans le royaume demander une riche jeune fille en mariage.

Magda ne savait pas quoi faire.

Il ne fallait pas songer à obtenir de délai. Alors, vendre le cheval ou une vache ? Et c'était juste avant les moissons... la période la plus difficile. On allait couper les blés. La pauvre femme avait besoin d'argent et avait dépensé tout ce qui lui restait. Elle se tordait les mains de désespoir ; elle envoyait des pétitions à la Cour ; elle suppliait, elle racontait les services de son mari. On ne lui répondait même pas. Le terme approchait, et avec le terme l'exécution.

Elle priait et priait, songeant avec amertume au temps d'avant la guerre où ils étaient riches, et où Bartek gagnait de l'argent en hiver, au moulin. Elle alla trouver ses amis pour leur emprunter de l'argent ; ils n'en avaient pas. La guerre avait tout payé avec des marques de distinction. Elle n osait pas aller chez Just, car elle lui devait déjà, et ne lui avait même pas payé les intérêts de sa dette. Et c'est Just qui vint à elle, inopinément.

Un certain après-midi, elle était assise sur le seuil de sa maisonnette, et inoccupée ; car le désespoir lui enlevait toute sa force. Elle regardait machinalement en l'air le vol des abeilles, et elle songeait que ces insectes sont bien heureux, qui n'ont qu'à jouer, et qui ne pleurent jamais. Par instants, elle poussait de profonds soupirs, et de ses lèvres pâlies sortait cette exclamation involontaire : « Ô ! Dieu ! Ô ! Dieu ! »

Nagle przed wrotami pokazał się spuszczony nos Justa, pod którym widać było spuszczoną fajkę: kobieta pobladła. Just ozwał się:

— *Morgen!*

— Jak się macie, panie Just!

— A moje pieniądze?

— O mój złocieńki panie Just, bądźcie cierpliwi. Ja biedna, co ja zrobię? Chłopa mi wzięli, karę za niego płacić muszę, rady sobie dać nie mogę. Lepiejbym zmarła, niż się mam tak męczyć z dnia na dzień. Poczekajcie, mój złocieńki panie Just!

Rozpłakała się, i schyliwszy się, ucałowała pokornie tłustą, czerwoną rękę pana Justa.

— Pan przyjedzie, to od niego pożyczę, a wam oddam.

— No, a sztraf z czego zapłacicie?

— Czy ja wiem? Chyba krowinę sprzedam.

— To ja wam pożyczę jeszcze.

— Niech panu Pan Bóg zapłaci, mój złoty panie. Pan, choć luter, ale dobry człowiek. Sprawiedliwie mówię! Żeby inne Niemcy były jak pan, toby ich człowiek błogosławił.

— Ale ja bez procentu nie dam.

— Ja wiem, ja wiem.

— To mi napiszecie jeden kwit na wszystko.

— Dobrze, złoty panie. Bóg panu zapłać i tak.

— Będę w mieście, to sporządzimy akt.

Był w mieście i sporządził akt, ale poprzednio Magda poszła radzić się proboszcza. Co tu jednak było radzić? Ksiądz mówił, że termin za krótki, że procenta za wysokie, i biadał bardzo, że p. Jarzyńskiego w domu niema, bo gdyby

Tout à coup, devant la grille, apparut le grand nez de Just, sous lequel pendait une pipe. Et Just parla :

— Bonjour !

— Comment allez-vous, monsieur Just ?

— Et mon argent ?

— Oh ! mon bon monsieur Just, soyez patient. Que puis-je faire, moi, pauvre femme ? On m'a pris mon mari, il faut que je paie l'amende pour lui, je ne sais plus quoi faire. Il vaudrait mieux mourir que souffrir comme je souffre. Attendez un peu, mon bon monsieur Just.

Elle éclata en pleurs, et, se penchant, baisa avec soumission la patte rouge de l'usurier.

— Monsieur Yarzinski va revenir ; il me prêtera de l'argent, et je vous paierai.

— Mais comment paierez-vous l'amende ?

— Comment la paierais-je, à moins de vendre une vache ?

— Eh ! bien, je vais vous prêter encore de l'argent.

— Que le Seigneur vous récompense, mon bon monsieur. Bien que vous soyez luthérien, vous êtes un brave homme. Je dis que si tous les Allemands étaient comme vous, il faudrait les bénir.

— Mais je ne vous le prêterai pas sans intérêt.

— Je sais. Je sais.

— Alors, vous me ferez un billet pour tout ce que vous me devez ?

— Je le ferai. Que Dieu vous récompense, même de cela.

— Je vais à la ville et j'en rapporterai le papier.

Il alla à la ville et il en rapporta le papier ; mais pendant ce temps Magda était allée prendre conseil du curé. Celui-ci dit que le terme était trop court, que l'intérêt était trop élevé. Il trouva très malheureux que Yarzinsky ne fût pas là, car

był, toby może pomógł. Nie mogła jednak Magda czekać, aż jej sprzedadzą sprzężaj, i musiała przyjąć warunki Justowe.

Zaciągnęła trzysta marek długu, to jest dwa razy tyle, ile wynosił „sztraf", boć przecie trzeba było mieć w domu jaki grosz na prowadzenie gospodarstwa. Bartek, który dla ważności aktu obowiązany był stwierdzić go własnym podpisem, podpisał. Magda w tym celu umyślnie chodziła do niego do „karceresu". Zwycięzca bardzo był pognębiony, przybity i chory. Chciał on jeszcze pisać skargę i przedstawić swoje krzywdy, ale skargi nie przyjęto. Artykuły *Posener Zeitung* nader nieprzychylnie usposobiły dla niego opinię sfer rządowych.

— Już my teraz przepadniemy z kretesem — rzekł do żony.

— Z kretesem — powtórzyła.

Bartek począł namyślać się nad czemś usilnie.

— Krzywda mi się dzieje okrutna — rzekł.

— Chłopca Boege prześladuje — mówiła Magda. — Chodziłam go prosić, jeszcze mi nawymyślał. Oj! teraz w Pognębinie Niemcy górą. Ony się teraz nikogo nie boją.

— Pewno, że ony najmocniejsze — rzekł smutno Bartek.

— Jać prosta jestem kobieta, ale to ci powiem: mocniejszy jest Bóg.

— W nim ucieczka nasza — dodał Bartek.

Chwilę milczeli oboje, potem znowu spytał.

Poczciwa Magda uśmiechnęła się przez łzy. ❖

s'il eût été là, il aurait pu aider. Mais Magda ne pouvait pas attendre jusqu'à ce que la justice fît vendre tout chez elle, et elle fut obligée d'accepter les conditions de Just.

Elle emprunta trois cents marks, c'est-à-dire deux fois ce qu'il lui fallait pour l'amende, car elle avait besoin d'argent à la maison pour les travaux prochains. Bartek, qui devait approuver l'acte et le signer pour qu'il fût valable, n'y vit aucun inconvénient. Magda était allée le voir à la prison. Le victorieux était maintenant gravement accablé, écrasé et malade. Il avait écrit des suppliques et exposé ses griefs. Mais on n'y avait donné aucune suite. Les articles de la *Posener Zeitung* avaient trop gravement indisposé le Gouvernement contre lui.

— Nous sommes perdus, dit-il à sa femme.

— Tout-à-fait perdus, lui répondit-elle.

Puis il parut songer à quelque chose, puissamment.

— Je me suis terriblement trompé, dit-il.

— Bœge tourment l'enfant. J'ai voulu le lui reprocher ; il m'a reçue avec insolence. « Oh ! a-t-il dit, les Allemands sont les plus forts à Poznan, maintenant. Ils ne craignent plus personne. »

— Est-ce sûr qu'ils soient les plus forts ? demanda Bartek sombre.

— Je ne suis qu'une simple femme, mais je crois Dieu plus fort qu'eux.

— Il est notre seul refuge, ajouta Bartek.

Tous deux restèrent silencieux pendant quelque temps.

Puis la bonne Magda sourit entre ses larmes. ■

9

W tydzień po ostatnich odwiedzinach w więziennym szpitalu, wpadła znowu do Bartka, zadyszana, rozpromieniona, szczęśliwa.

— Jak się masz, Bartek, kasztanie! — zawołała z radością. — Wiesz, przyjechał pan! Ożenił ci się w Królestwie; młoda pani dycht jagódka. A nabrał ci też za nią wszelakiego dobra, oj! oj!... Dziedzic Pognębina ożenił się rzeczywiście, zjechał z żoną na miejsce i rzeczywiście nabrał za nią sporo „wszelakiego dobra".

— No, i co z tego? — spytał Bartek.

— Cicho, głupi! — odrzekła Magda. — O, tom się zadyszała! O Jezu!... Poszłam się pani pokłonić, patrzę: wyszła do mnie jak królewna jaka, młodziusieńka, kiej łoński kwiateczek, śliczniuchna, jak ta zorza... A to upał! a tom się zadyszała!...

Magda podniosła fartuch i poczęła obcierać twarz spoconą. Po chwili mówiła znów przerywanym głosem:

— Suknię-ci miała jak ten chaber niebiesiuchną... Podjęłam ją pod nogi, i rączkę mi dała... pocałowałam, a rączki to ci ma pachnące i maluśkie, jak u dziecka!... Dycht jaka święta na obrazku, i dobra jest i wyrozumiała na biedę ludzką. Poczęłam ją prosić o poratowanie... Żeby jej Bóg dał zdrowie!...

9

Huit jours après sa première visite à l'hôpital de la prison, elle y accourait de nouveau, haletante, heureuse, radieuse.

— Comment vas-tu ? Bartek ! païen ! criait-elle avec joie. Le seigneur Yarzinski est revenu. Le savais-tu ? Il s'est marié dans le royaume. Sa femme est une cerise. Et elle lui a apporté toutes sortes de biens.

— Eh ! bien ? Qu'est-ce que cela peut nous faire ?

— Tais-toi, fou. Je suis allée saluer la nouvelle maîtresse. Je l'ai regardée, et j'ai cru voir une reine. Et si jeune ! Fraîche comme l'aurore.

Magda s'essuya le visage de son tablier. Puis elle reprit, d'une voix brisée :

— Elle portait une robe bleu de ciel. Je suis tombée à ses pieds, et elle m'a donne sa main. Je l'ai baisée. Ses mains sont aussi douces et aussi petites que des mains d'enfant. Elle ressemble à une sainte dans une peinture. Et elle est bonne ! Et elle comprend les souffrances du peuple. J'ai commencé par la supplier de nous sauver, et que Dieu la récompenserait.

A ona powiada: „Co w mojej mocy, powiada, to zrobię". A głosik to ci ma taki, że jak przemówi, to cię aż słodkość ogarnie. Tak dopiero ja poczęłam prawić, jaki to w Pognębinie naród nieszczęśliwy, a ona powiada: „Ej, nietylko w Pognębinie..." i dopiero ja się rozbeczałam, i ona też. Aż pan nadszedł, zobaczył, że ona płacze, i jak ją weźmie całować gęba nie gęba, oczko nie oczko. Panowie nie takie jak wy! Dopiero ona mu powiada: „Zrób co możesz dla tej kobiety". A on powiada: „Wszystko na świecie, czego zechcesz". Niechże ją Matka Boska błogosławi, oną jagódkę złotą! niech ją na dzieciach błogosławi i na zdrowiu. I zaraz pan powiada: „Zawiniliście ciężko, boście się w niemieckie ręce podali, ale, powiada, poratuję was i na Justa dam".

Bartek począł drapać się w kark.

— Dyć pana też Niemcy mieli w ręku.

— No to co! ale pani bogata. Państwoby teraz wszystkich Niemców w Pognębinie mogli kupić, to i panu wolno gadać. Wybory, powiada pan, niezadługo będą, niech ludzie patrzą, by za Niemcami nie głosowali, a ja na Justa dam i Boegego przykrócę. A pani go za to za szyję wzięna, a pan się pytał o ciebie, i powiada, jeśli słaby, to ja z doktorem pogadam, żeby mu napisał świadectwo, jako teraz nie może siedzieć. Jeśli go nie zwolnią całkiem, to, powiada, odsiedzi w zimie, a teraz do roboty na żniwa potrzebny. Słyszysz? Wczoraj pan w mieście był, a dziś doktor jedzie do Pognębina z wizytą, bo go pan zaprosił. On nie Niemiec. I świadectwo napisze. W zimie będziesz siedział w karceresie, jak ten król, będzie ci ciepło i żreć darmo ci dadzą, a teraz pójdziesz do dom, do roboty, i Justa zapłaciewa,

Et elle a dit: « Je ferai ce qui sera en mon pouvoir ». Oh ! la chère voix ! Quand elle parle, tu te sens tout entouré de douceur. Quand je lui ai dit combien le peuple de Pognembin était malheureux, elle s'est écriée : « Ah ! il n'y a pas qu'ici ! » Et quand je me suis mise à pleurer, elle a pleuré aussi, tellement que son mari est venu voir pourquoi nous pleurions. Alors, il l'a prise, l'a embrassée au lèvres et aux yeux. Les seigneurs ne sont pas comme nous autres paysans. Puis elle lui a dit : « Fais ce que tu pourras pour cette femme. » Et il a répondu : « Je suis prêt à faire tout ce que tu désires au monde. » Que la Mère de Dieu la bénisse, la cerise d'or ! Qu'elle lui accorde des enfants et la santé ! « Vous avez eu grand tort, a dit encore son mari, de vous mettre entre les mains d'un Allemand ; mais je vous sauverai ; je vous donnerai l'argent que vous devez à Just. »

Bartek se grattait le nez.

— Mais lui aussi est dans les mains de l'Allemand ?

— Qu'est-ce que cela fait ? La jeune femme est riche. Aujourd'hui, il peut acheter tous les Allemands de Pognembin. « L'élection est proche, a-t-il dit ; que le peuple se garde bien de voter pour un Allemand. Je donnerai l'argent pour Just, et j'apprivoiserai Bœge. » Et la dame a mis ses bras autour de son cou. Et il a demandé après toi. Il a dit : « S'il est faible, je vais demander un certificat au docteur pour qu'il ne termine pas sa peine à présent. Il la terminera en hiver, mais au moins vous l'aurez pour la moisson. » Comprends-tu ? Hier, il était à la ville, et aujourd'hui le docteur va venir à Pognembin pour une visite. Ce n'est pas un Allemand ; il écrira le certificat. En hiver, tu seras dans ta prison comme un roi dans son château ; tu auras chaud; tu auras à manger pour rien. Et maintenant tu vas venir travailler à la maison. Et nous paierons Just.

a pan może i nijakiego procentu nie będzie chciał, a jak nie oddamy wszystkiego w jesieni, to u pani wyproszę. Niechże ją Matka Boska!... Słyszysz?...

— Dobra pani. Niema co! — rzekł raźno Bartek.

— Padniesz-że ty jej do nóg, padniesz, a nie, to ci chyba ten żółty łeb ukręcę! Byle Bóg urodzaj dał! A widzisz, skąd poratowanie? od Niemców? dały ci choć grosz za te twoje głupie mentale? co? Dały ci po łbie i tyla. Padniesz-że ty pani do nóg, mówię.

— Co nie mam paść! — odparł rezolutnie Bartek.

Los zdawał się znowu uśmiechać zwycięzcy. W kilka dni później zawiadomiono go, że z powodów zdrowia, na teraz zostaje uwolniony z kozy, aż do zimy. Przedtem jednak landrat kazał mu się stawić przed sobą. Bartek stawił się z duszą na ramieniu. Ten chłop, który z bagnetem w ręku brał sztandary i armaty, począł się teraz bać każdego munduru więcej niż śmierci, począł nosić w sercu jakieś głuche, bezwiedne poczucie, że go prześladują, że mogą zrobić z nim co zechcą, że jest nad nim jakaś siła ogromna a nieżyczliwa i zła, która, gdyby się jej opierał, to go zetrze. Stał więc oto przed landratem, jak ongi przed Steinmetzem, wyprostowany, z brzuchem wciągniętym, piersią wydaną naprzód i bez tchu w piersiach. Było także i kilku oficerów: wojna i karność wojenna stanęły Bartkowi w oczach, jakby żywe. Oficerowie patrzali na niego przez złote binokle z dumą i pogardą, należną prostemu żołnierzowi i polskiemu chłopu od pruskich oficerów; on stał, dech wstrzymując,

Et peut-être le Seigneur ne demandera-t-il aucun intérêt. Et si nous ne pouvons pas tout payer à l'automne, je parlerai à la dame. Que la Mère de Dieu la récompense ! M'entends-tu ?

— C'est une bonne femme ; il n'y a rien à dire coutre cela, dit Bartek, vivement.

— Tu vas tomber à ses pieds ; tu y tomberas ; sinon je te coupe ta vilaine tête jaune. Si Dieu nous donne une bonne moisson... Et tu vois d'où nous vient le secours ? Pas des Allemands ! Ils ne t'ont pas donné un pfennig pour ta stupide besogne. Ils t'ont donné un coup sur la tête. Et c'est tout. Tu tomberas aux pieds de la dame, je te dis !

— Pourquoi n'y pas tomber ? répondit Bartek, résolument.

Le destin semblait de nouveau sourire au victorieux. Quelques jours plus tard on lui annonçait qu'il était libéré, jusqu'à l'hiver, pour raisons de santé. Mais le Conseil régional (Landrath) ordonnait à Bartek de comparaître devant lui. Bartek y vint avec son âme sur les lèvres. Cet homme qui, baïonnette à la main, prenait des drapeaux et des canons, commençait à craindre un uniforme plus que la mort ; il commençait à porter dans son cœur une conviction sourde qu'on le persécutait, qu'on pouvait faire de lui tout ce qu'on voulait, qu'il y avait au-dessus de lui une sorte de pouvoir hostile, énorme et malveillant, qui le broierait s'il ne se laissait pas faire. Il se tint donc devant le Landrath, comme il se tenait autrefois devant Steinmetz, droit, l'estomac rentré, la poitrine en avant, sans respiration, presque. Il y avait là un certain nombre d'officiers ; la guerre et la discipline se dressaient devant Bartek comme si elles eussent été vivantes. Les officiers le regardaient à travers leurs binocles, avec tout le mépris qu'ils avaient le droit de montrer à un simple soldat et à un pays on polonais. Bartek n'osait pas souffler,

a landrat mówi coś rozkazującym tonem. Nie prosił, nie namawiał, rozkazywał, groził. W Berlinie poseł umarł, nowe wybory rozpisano.

— *Du polnisches Vieh!* spróbuj tylko głosować za panem Jarzyńskim, spróbuj!

Brwi oficerów ściągnęły się w tej chwili w groźne lwie zmarszczki. Jeden ogryzając cygaro powtórzył za landratem: „Spróbuj!"

A w zwycięskim Bartku dech zamierał. Gdy usłyszał pożądane: „Poszedł precz!" zrobił pół obrotu w lewo, wyszedł i odetchnął.

Dano mu rozkaz, by głosował za panem Szulbergiem z Krzywdy Wielkiej. Nad rozkazem nie namyślał się, ale odetchnął, bo szedł oto do Pognębina, bo na żniwa mógł być w domu, bo pan obiecał spłacić Justa. Wyszedł za miasto. Ogarnęły go łany zbóż dojrzewających. Kłos ciężki z wiatrem o kłos uderzał, i szeleściły wszystkie miłym dla chłopskiego ucha szelestem. Bartek słaby był jeszcze, ale słońce go grzało.

— Hej! jak to na świecie pięknie! myślał sterany żołnierz.

I do Pognębina już niedaleko. ❖

et on lui parla sur le ton du commandement. On ne le priait pas, on ne le persuadait pas ; on menaçait, on le mettait en demeure. Un député était mort à Berlin ; une nouvel élection était ordonnée.

— *Du, polnisches Vieh* (toi, brute polonaise), essaie de voter pour Yarzynski ! Essaie !

Les sourcils des officiers étaient contractés à ce moment de terrible façon. L'un d'eux, mordant un cigare, répéta :

— Essaie !

Et la respiration mourut dans la poitrine de Bartek le victorieux. Quand il entendit le tant désiré « *Heraus* » (dehors), il fit un demi-tour à gauche, sortit, et osa souffler.

On lui avait donné l'ordre de voter pour Schulberg, du Haut Yryvda. Il ne songeait pas à cet ordre, mais il respirait, car il pouvait être à Pognembin pour la moisson. Le seigneur Yarzynski avait promis de payer Just. Bartek sortit de la ville. Il était entouré de champs, de grain mûr. Les épis lourds se heurtaient sous la poussée de la brise, avec un bruit cher à l'oreille du paysan. Bartek était encore faible, mais le soleil le réchauffait.

— Comme le monde est beau ! songeait l'ancien soldat.

Il n'était plus loin de Pognembin. ■

10

Wybory! wybory! Pani Marya Jarzyńska ma ich pełną główkę, nie myśli, nie mówi i nie marzy o niczem więcej.

— Pani dobrodzika to wielki polityk — mówi do niej sąsiad szlachcic, całując jak smok jej małe rączki.

A wielki polityk rumieni się jak wiśnia i odpowiada ze ślicznym uśmiechem:

— O, my agitujemy, jak tylko możemy!

— Pan Józef będzie posłem! — mówi przekonywająco szlachcic, a „wielki polityk" odpowiada:

— Chciałabym bardzo, chociaż nietylko o Józia chodzi, ale (tu „wielki polityk" piecze znowu niepolitycznego raka), ale to sprawa ogólna...

Napróżno mąż prosił jej, by nie „demenowała" się do tego stopnia. Nazajutrz agitacya w Pognębinie prowadzona była z większym jeszcze ferworem. Pani Marya nie cofa się teraz przed niczem. Jednego dnia jest w kilkunastu chatach i wymyśla tak głośno na Niemców, że aż mąż musi ją powstrzymywać. Ale niema niebezpieczeństwa.

10

Les élections ! Les élections ! La jeune mariée en avait la tête pleine. Elle ne pensait plus ; elle ne parlait plus ; elle ne rêvait plus à autre chose.

— Notre dame est bienfaitrice et un grand politicien, lui disait un voisin noble en baisant sa main blanche.

Et le grand politicien rougissait comme une cerise, et répondait avec un joli sourire :

— Nous faisons de l'agitation aussi loin que cela nous est possible.

— Votre mari sera élu, disait le noble avec conviction.

Et le grand politicien répondait :

— Je le souhaiterais vivement, non seulement pour le triomphe de mon mari, mais pour celui de la cause du peuple.

Son mari faisait la campagne au dehors, et la petite femme la faisait à Pognembin, sans compter ses peines. Sa tête était en feu de l'importance d'un tel rôle. Chaque jour on la voyait sur la grande route, parmi les fermes, sa robe relevée d'une main, sa petite ombrelle de l'autre, et trottant pour les objets politiques les plus graves. Elle entrait dans les maisons, visitait les malades, s'occupait, aidait quand elle le pouvait. Elle discourait, aussi, et disait tant de mal des Allemands que ses conseillers devait la contenir.

Ludzie przyjmują ją z radością, całują po rękach i uśmiechają się do niej, bo taka jest ładna, taka różowa, że gdzie wejdzie, jasno się robi.

Z kolei przychodzi i do chałupy Bartka. Łysek jej nie puszcza, ale Magda daje mu w zapale drewnem w łeb.

— O, jaśnie pani! moje złoto, moje śliczności, moja jagódko! — woła Magda, tuląc się do jej rąk.

Bartek, zgodnie z postanowieniem, rzuca się jej do nóg, mały Franek całuje ją naprzód w rękę, następnie kładzie palec w usta i pogrąża się w całkowitym podziwie.

— Spodziewam się, — mówi po powitaniach młoda pani — spodziewam się, mój Bartku, że będziecie głosowali za moim mężem, nie za panem Szulbergiem.

— O, moja zorzo! — woła Magda — ktoby ta za Siulbergiem głosował! Niech go tam paralius! (Tu całuje panią w rękę). Niech się jaśnie pani nie gniewa, ale człek, gdy o Niemcach mówi, to i języka nie może utrzymać.

— Mąż właśnie mówił mi, że zapłaci Justa.

— Niech go Bóg błogosławi!

Tu Magda zwraca się do Bartka:

— Czego stoisz, jak drąg? On, proszę pani, strasznie niemowny.

— Będziecie za moim mężem głosowali? — pyta pani — prawda? Wyście Polacy, my Polacy, będziemy się trzymali.

— Łebbym mu ukręciła, żeby nie głosował! — rzecze Magda. — Czegóż stoisz, jak drąg? On strasznie niemowny. Rusźże się!

Bartek całuje znowu panią w rękę, ale milczy ciągle i jest ponury, jak noc. W myśli stoi mu landrat.

On la recevait avec joie ; on lui baisait les mains ; on lui souriait. Elle était si jolie, si rose, que, quand elle entrait dans une chambre elle l'éclairait.

Elle vint un jour à la ferme de Bartek. Lysek ne la voulait pas laisser entrer, mais Magda en colère lui donna un grand coup de bâton sur la tête.

— Ô ! bonne dame ! fleur d'or ! ma beauté ! criait Magda.

Bartek, pour obéir à sa femme, tomba aux pieds de la bienfaitrice ; le petit Franek fut le premier à lui baiser les mains, puis il mit un doigt dans sa bouche et s'enterra dans un coin d'ombre, éperdu d'admiration.

— J'espère, dit la jeune dame après les salutations, j'espère, mon Bartek, que vous voterez pour mon mari, et no, pour Schulberg ?

— Oh ! mon aurore, cria Magda, qui donc voudrait voter pour Schulherg ? Que la paralysie l'étouffe ! (Elle baisa la main de la jeune femme). Ne vous mettez pas en colère. Quand on me parle d'un Allemand, je ne peux pas tenir ma langue.

— Mon mari m'a dit qu'il paierait Just.

— Que Dieu le bénisse !

Puis se tournant vers Bartek :

— Pourquoi te tiens-tu droit comme un poteau ? Excusez-le, madame ; il est terriblement silencieux.

— Vous voterez pour mon mari, n'est-ce pas ? Vous êtes polonais ; nous sommes polonais : nous devons nous soutenir les uns les autres.

— Je lui couperais la tête s'il votait autrement, dit Magda. Mais remue donc ! Il est terriblement silencieux. Allons !

Bartek baisa la main de la jeune femme, mais il resta silencieux et sombre comme la nuit. Il pensait au Landrath.

*

* *

Dzień wyborów zbliża się i nadchodzi. Pan Jarzyński pewny jest wygranej. Do Pognębina zjeżdża się sąsiedztwo. Panowie wracają już z miasta, dali już głosy i czekać będą teraz w Pognębinie na wiadomość, którą przywiezie ksiądz. Potem będzie obiad, wieczorem zaś państwo wyjadą do Poznania, a następnie i do Berlina. Niektóre wsie z okręgu wyborczego głosowały jeszcze wczoraj. Rezultat dziś będzie wiadomy. Zgromadzeni wszelako dobrej są myśli. Młoda pani trochę niespokojna, ale pełna nadziei i uśmiechnięta, jest tak uprzejmą gospodynią, że wszyscy zgadzają się, iż pan Józef znalazł prawdziwy skarb w Królestwie.

Skarb ten nie może wprawdzie teraz usiedzieć spokojnie na miejscu, biega od gościa do gościa i każe się każdemu po sto razy zapewniać, że „Józio będzie wybrany". Nie jest ona rzeczywiście ambitną i nie z próżności chce zostać panią posłową, ale wymarzyła sobie w swojej młodej główce, że oboje z mężem mają do spełnienia prawdziwą misyę. Serce więc jej bije tak żywo, jak w chwili ślubu, i radość oświeca ładną twarzyczkę.

Dawny zmarły poseł był Polakiem, i pierwszy to raz dopiero Niemcy stawiają w tym okręgu swego kandydata. Widocznie zwycięska wojna dodała im odwagi, ale właśnie dlatego zgromadzonym w pognębińskim dworze tembardziej chodzi o to, by ich kandydat był wybrany. Ach! bo przecie chodzi tu o to, czy ta miejscowa ludność będzie miała w parlamencie obrońcę, czy wroga?

Za chwilę się to rozstrzygnie, nawet za małą chwilę, bo na drodze powstaje nagle kłąb kurzu.

*

* *

Le jour des élections arrive. Il est venu. Yarzynski est certain de la victoire. Les nobles sont revenus de la ville ; ils ont déjà voté et veulent attendre à Pognembin les nouvelles que le prêtre apportera. Il y aura ensuite un dîner ; le soir, les Yarzynski iront à Poznan, puis de là, à Berlin. Quelques villages du district ont voté la veille ; le résultat sera connu aujourd'hui. La compagnie, cependant, est en bon esprit. La jeune femme est un peu troublée, mais pleine d'espérances et de sourires. C'est une femme si charmante, que tout le monde dit : « Yarzynski a trouvé un véritable trésor dans lé Royaume. »

Ce trésor ne peut pas rester en place, pour le moment ; il court d'un hôte à l'autre, et demande à chacun l'assurance que « Yozio sera élu ». Ce n'est pas qu'elle soit ambitieuse, mais elle a mis ans sa tête qu'elle et son mari ont une mission à remplir. Son cœur bat, en conséquence, aussi rapidement qu'au jour de son mariage, et la joie rayonne sur son joli visage.

C'est un député polonais qui est mort, et c'est la première fois que les Allemands osent porter un candidat en terre polonaise. La guerre leur a probablement donné cette audace. Mais la partie est importante, et il importe à tous les Polonais que l'Allemand soit battu, pour ne pas compter un défenseur de moins et un ennemi de plus au Parlement.

Et l'on saura bientôt à quoi s'en tenir, car un nuage de poussière s'élève sur la route.

„Proboszcz jedzie! proboszcz jedzie!" — powtarzają obecni.

Pani blednie. Na wszystkich twarzach znać wzruszenie. Są pewni zwycięstwa, a jednak ostatnia chwila przyśpiesza bicie serc. Ale to nie proboszcz, to włodarz wraca konno z miasta. Może co wie? Przywiązuje konia do kołka i śpieszy do dworu. Goście z gospodynią na czele wpadają na ganek.

— Są wiadomości? Są? Nasz pan wybrany? Co? Chodź tu! Wiesz na pewno? Rezultat ogłoszony?

Pytania krzyżują się i padają jak race, a chłop rzuca czapkę do góry.

— Nasz pan wybrany!

Pani siada nagle na ławce i przyciska ręką falujące piersi.

— Wiwat! wiwat! — krzyczą sąsiedzi. — Wiwat!

Służba wypada z kuchni.

— Wiwat! Pobite Niemcy! Niech żyje poseł! I pani posłowa!

— A proboszcz? — pyta ktoś.

— Zaraz tu będzie — odpowiada włódarz: — jeszcze reszty obliczają...

— Obiad dawać! — woła pan poseł.

— Wiwat! — powtarzają inni.

Wchodzą znów wszyscy z ganku do sali. Powinszowania panu i pani płyną już spokojniej, sama pani tylko nie umie pohamować radości i bez względów na świadków rzuca mężowi ręce na szyję.

Tymczasem przed gankiem rozlega się turkot, i do sali wchodzi ksiądz proboszcz, a z nim stary Maciej z Pognębina.

— Le prêtre arrive ! Le prêtre arrive !

La jeune femme devient pâle. Sur tous les visages, l'excitation est évidente. Tout le monde est certain de la victoire, mais la dernière minute précipite le battement des cœurs. Mais ce n'est pas le prêtre ; c'est l'intendant qui revient à cheval de la ville. Peut-être sait-il quelque chose. Il attache son cheval et court vers la maison. Les hôtes et la jeune femme s'élancent au devant de lui.

— Avez-vous des nouvelles ? Notre hôte est-il élu ? Quoi ? Venez ici ! Vous le savez, certainement ! Le résultat est-il proclamé ?

Les questions se croisent et tombent toutes ensemble. L'intendant jette son bonnet en l'air et crie :

— Notre seigneur est élu !

La jeune femme tombe sur le banc et presse de ses deux mains sa poitrine.

— Vivat ! Vivat ! crient les voisins. Vivat !

Les serviteurs sortent en chaos de la cuisine :

— Vivat ! les Allemands sont battus ! Longue vie au nouveau député et à sa femme.

— Mais le prêtre ? demanda quelqu'un.

— Il sera bientôt ici, dit l'intendant. On compte les derniers bulletins.

— À table ! crie le nouveau député.

— Vivat ! répétèrent les autres.

Tout le monde rentre dans la maison. Les congratulations sont maintenant plus calme, mais la jeune femme ne peut contenir sa joie, et sans penser aux spectateurs elle jette les bras au cou de son mari.

À ce moment la porte s'ouvre : le prêtre entre, suivi du vieux Kyerz, de Pognembin.

— Witamy! witamy! — wołają zgromadzeni. — No, jaka większość?

Ksiądz milczy przez chwilę i nagle rzuca, jakby w twarz tej powszechnej radości, szorstkie i krótkie dwa wyrazy:

— Szulberg... wybrany!...

Chwila zdumienia, grad pytań przyśpieszonych i trwożnych, na które ksiądz odpowiada znowu:

— Szulberg wybrany!

— Jak? Co się stało? Jakim sposobem? Włódarz mówił, że nie! Co się stało?

W tej chwili pan Jarzyński wyprowadza biedną panią Maryę, która gryzie chusteczkę, by nie wybuchnąć płaczem, lub nie zemdleć.

— O, nieszczęście! nieszczęście! — powtarzają zgromadzeni, chwytając się rękoma za głowy.

W tej chwili od strony wsi dochodzą jakieś zmącone głosy, jakby radosnych krzyków. To Niemcy pognębińscy obchodzą tak radośnie swoje zwycięstwo.

Państwo Jarzyńscy wracają znów do sali. Słychać, jak przy drzwiach młody pan mówi do pani: *„Il faut faire bonne mine“*.

Jakoż młoda pani już nie płacze. Oczy ma suche i bardzo silne rumieńce.

— Powiedzcież teraz, jak się to stało? — pyta spokojnie gospodarz.

— Jakże się nie miało stać, jaśnie panie, — mówi stary Maciej — skoro i tutejsze chłopy pognębińskie głosowali za Szulbergiem.

— Kto taki?

— Jak to? tutejsi?

— A jakże. Ja sam widziałem i wszyscy, jak Bartek Słowik głosował za Szulbergiem...

— Salut ! Salut ! Eh ! bien ? Quelle est la majorité ?

Le prêtre regarde un instant tout le monde, puis d'une voix brève :

— Schulberg est élu !

Un instant d'étonnement, puis un tumulte de questions, auxquelles le prêtre répond encore :

— Schulberg est élu.

— Comment ? Comment est-ce arrivé ? De quelle manière ? L'intendant disait le contraire ! Qu'est-il arrivé ?

À ce moment, Yarzynski conduisit hors de la salle sa femme, qui déchirait son mouchoir avec ses dents pour ne pas éclater en pleurs ou pour ne pas s'évanouir.

— Ô malheur ! malheur ! répétaient les hôtes en s'arrachant les cheveux.

À ce moment vinrent du village des cris joyeux. C'étaient les Allemands de Pognembin qui allaient partout chanter leur victoire.

Les Yarzynski rentrèrent dans la salle. On put entendre le jeune homme qui disait en français à sa femme : « *Il faut faire bon visage.* »

Et de fait, elle ne pleura pas plus longtemps.

— Dites-nous comment c'est arrivé, dit l'hôte.

— Comment en aurait-il pu être autrement, seigneur, lorsque les paysans d'ici, de Pognembin, votaient pour Schulberg ?

— Comment ?... Ceux d'ici ?... Comment ?...

— Ils l'ont fait. J'ai vu moi-même, et tout le monde a vu, Bartek Slovik voter pour votre concurrent.

— Bartek Słowik? — mówi pani.

— A jakże. Teraz-ci go inni wymyślają. Chłop tarza się po ziemi, płacze, baba go wymyśla. Aleć ja sam widziałem, jak głosował.

— Ze wsi takiego wyświecić! — rzecze sąsiad z Mizerowa.

— Bo jaśnie panie, — mówi Maciej — inni też, co byli na wojnie, to też głosowali, jak i on. Gadają, że im kazali...

— Nadużycie, czyste nadużycie, nieważny wybór, przymus, szachrajstwo! — wołały różne głosy.

Niewesoły był obiad tego dnia w pognębińskim dworze.

Wieczorem państwo wyjechali, ale już nie do Berlina, tylko do Drezna.

Nędzny, przeklinany, sponiewierany i znienawidzony Bartek siedział tymczasem w swojej chałupie, obcy nawet dla żony własnej, bo i ta nie przemówiła do niego cały dzień ni słowa.

*

* *

Jesienią Bóg urodzaj dał, i pan Just, który właśnie objął był w posiadanie Bartkową kolonię, rad był, że wcale niezły zrobił interes.

Pewnego dnia szło z Pognębina do miasta troje ludzi: chłop, baba i dziecko. Chłop był pochylony bardzo, podobniejszy do dziada, niż do zdrowego człeka. Szli do miasta, bo w Pognębinie nie mogli służby znaleźć. Deszcz padał, baba szlochała okrutnie z żalu po straconej chałupie i całej wsi. Chłop milczał.

— Bartek ? dit la jeune femme.

— Certainement. Les autres le raillent ; il se roule à terre ; il pleure ; sa femme le frappe. Mais j'ai vu de mes yeux comment il votait.

— Un homme pareil devrait être chassé du village, dit un voisin de Mizerov.

— Eh ! bien, Seigneur, dit le vieux Kyerz, tous ceux qui sont allés à la guerre ont voté comme Bartek. Ils disent qu'on leur a commandé.

— Abus ! Abus ! L'élection n'est pas valable. Contrainte ! Fraude ! crièrent plusieurs voix.

Le dîner ne fut pas joyeux ce soir-là, au château de Pognembin.

Le soir, les Yarzynski partirent, mais non pas pour Berlin, pour Dresde.

Misérable, maudit, méprisé et haï, Bartek était assis dans sa maison, un étranger même pour sa femme, car il n'avait dit un mot à personne, même à elle, de tout le jour.

*
* *

La moisson fut heureuse, et à l'automne Just, qui maintenant avait pris possession du bien de Bartek, se frottait les mains d'avoir fait une assez bonne affaire.

Un certain jour, trois personnes s'en allaient de Pognembin à la ville : un homme, une femme et un enfant. L'homme, gravement courbé, ressemblait plus à un vieillard qu'à un être dans la force de l'âge. Ils s'en allaient à la ville, car à Pognembin ils ne pouvaient plus trouver de travail. La pluie tombait ; la femme sanglotait ; l'homme restait silencieux.

Na całej drodze pusto było: ani wozu, ani człowieka; krzyż tylko wyciągał nad nią zmoczone od deszczu ramiona. Deszcz padał coraz większy, gęstszy, i ciemniało na świecie.

Bartek, Magda i Franek szli do miasta, bo zwycięzca z pod Gravelotte i Sedanu miał jeszcze w zimie odsiedzieć w kozie za sprawę Boegego.

Państwo Jarzyńscy bawili ciągle w Dreźnie. ❖

Koniec

La route était déserte ; ni un chariot ni un homme... rien que la croix dressée sur le côté du chemin, les bras mouillés. La pluie tomba de plus en plus fort, et les ténèbres s'étendirent sur le monde.

Bartek, Magda et Franek allaient à la ville ; le vainqueur de Gravelotte et de Sedan avait encore de la prison à purger pour l'affaire Bœge.

Les Yarzynski ont continué de vivre à Dresde. ■

DANS LA MÊME ÉDITION BILINGUE + AUDIO INTÉGRÉ :

Impression CreateSpace
à Charleston SC, en mars 2017.
Dépôt légal : mars 2017.

Imprimé aux États-Unis.

ORiHONi artefact

Découvrez nos collections de livres bilingues
et d'ouvrages décoratifs sur notre site :

www.laccolade-editions.com

Printed in France by Amazon
Brétigny-sur-Orge, FR

17940486R00092